彼の気持ちが
手にとるようにわかる

恋愛心理レッスン

美波紀子
Noriko Minami

フォー・ユー

はじめに

今この瞬間にも、世界中いたるところで、恋する男女がトラブルを起こしている事でしょう。

愛し合ってる、と思っていたのに、彼はなぜ、あんなにひどい事をするのだろう？

彼のことがもう信じられなくなってきた！　……と悩んだり、腹を立てたり。

でも、その前にちょっと考えてみてください。

あなたがときどき、彼の行動や言葉を理解できなくなったとしても、それは当たり前なのです。男と女は、全然違う生き物なのですから。

こんな話を聞いた事があります。

生後一年もたたない男女の赤ちゃんを数人ずつ集め、少し離れたところに、お人形と刀のおもちゃを置いておきます。

すると、なんの指示もしないのに、男の赤ちゃんはハイハイしながら一目散に刀のおもちゃのほうに向かって行き、女の赤ちゃんは、一生懸命お人形のほうに近寄って行く、というのです（ごくたまに、例外もあるでしょうが）。

この話を聞いたとき、へえ、男と女とは、もともとまったく違う生き物として生まれてきたのね、と感心し、納得したものです。

ということは、女性がどんなに懸命に男性の行動、言葉を分析しても、彼らの考えている事を完全に把握するのは無理だという事。

男性がどんなに一生懸命に想像しても、女心をつかみきれないのと同じです。

つまり、あなたが自分の言動を基準にして彼の事を考えている限り、彼の心理は理解できないという事なのです。

じゃあ、お互いをわかり合うのは絶望的なの?

いいえ、そんな事はありません。

解決法がひとつあります。それは、「オールアバウト男性心理」というようなデータを、あなたの頭にインプットしておく事です。あなたは、彼の行動や言葉がわからなくなるたびに、その「オールアバウト男性心理」を開いてチェックするのです。

そこには、きっと解答が出ているはず。

なぜなら、「オールアバウト男性心理」は、男性の本音ばかりを集めているからです。

男性に聞いてみなければわからない〝男の秘密〟もたっぷり書いてあります。

——そんな、〝男性の心理をつかむレッスン〟満載の教科書が、この本なのです。

私はこれまで、ダイエットや美容や習慣の本などをたくさん書いてきたので、若い知り合いがたくさんできました。

彼女たちと話をしていると、いつの間にか必ず恋愛相談になってしまいます。トラブルまみれの私なら、いろいろなケースを経験しているに違いない！　と太鼓判を押されているからかもしれません。

私は、恋愛の達人などではないのですが、トラブル製造機のような夫をはじめ、家族のように親しく話ができる男性の友人たちなど、男性の心理、性質、ものの見方、考え方を、ざっくばらんに教えてくれる人材が周りにたくさんいます。

そこで、彼らの意見や経験談などを参考にしながら、男性と女性のすれ違いをこまかく分析し、恋愛に悩む彼女たちの、そのモヤモヤした気持ちを少しでもすっきりさせるお手伝いができたらいいな、と願ってこの本を書きました。

最後までお読みいただければ、あなたの頭に恋の悩みを吹き飛ばすデータがインプットされ、「男性心理レッスン」の修了証をきっと手にできるでしょう。

美波紀子

二〇〇八年七月

彼の気持ちが手にとるようにわかる

恋愛心理レッスン

——Contents

Lesson 2

Lesson 3

こんなとき、どうすればいい!?

Lesson 4

あなたを幸せにする男性の選び方

Lesson 5

二人の時間をもっと楽しく！
愛を育む会話術

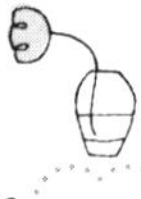

Lesson 6

デザイン
関根康弘（T・ボーン）
川島雄太郎（T・ボーン）
イラスト
安田ナオミ

Lesson 1

男性が求める理想像とは?

こんな女性は絶対に愛される!

究極の〝いい女〟は ひたむきに愛する

素敵な恋人が欲しい！　と思うなら、彼らの求める女性像を知ることが大切です。モテる女性は、それぞれが男性を惹きつける強烈ななにかをもっています。その〝なにか〟の正体さえわかれば、あなたは彼らの求める女性になれるはず。恋はもう目の前です。

いったい男性は、どんな女性を求めているのでしょうか。

容姿や外見の好みは人それぞれですが、ひとつだけ共通の好みだと言い切れるものがあります。

それは、世の男性はすべて〝女性に母性を求めている〟という事です。

身も蓋もない事を言うようですが、恋愛には、もともと利害関係の要素があります。始めて出会ったとき、「あ、あの女性、いいな」と一目惚れしたにもかかわらず、彼女の出方を見ながら、男の人は、ちょっと攻めたり引っ込んだり。

「恥をかきたくない」、という男のデリケートな心理がそうさせるのだ、と言いますが、つきつめて言うと、「自分だけ損をしたくない」、という打算的な心理が働いているのではないでしょうか。

それを非難するつもりはありません。女性の側にも同じ心理があるからです。

でも、お互いが「自分だけ損をするのはいやだ。向こうの出方を待とう」と思っていたら、なかなか前に進みません。

もし、あなたが恋愛ベタで、彼氏ができにくいとすると、こうした「彼の出方を待とう」という姿勢が強いのかもしれませんね。

賢い女性は男性のプライドを満足させるのが上手

男性は、なによりも自分のプライドを大事にしています。プライドを危険にさらしてまで女性に尽くそうとはしないものです。そうして、女性が尽くしてくれるのを待ちます。尽くされる事で、男性のプライドは満足するのです。

さらに男性には、成人しても子供っぽいという面もあります。女性は出産、子育てに耐えられるよう、いろいろな経験を積んで精神的に成長するけれど、男性はそういう機会がないので、子供のまま年だけとっていくのかもしれません。
関係が深まると、「この女は俺に惚れてる。甘えても大丈夫だ」と勝手に信じ、ますますわがままになり、子供っぽさに拍車がかかります。プライドが高く、わがままで、サービス精神がなくて、子供っぽい――それがほとんどの男性の実態です。

もちろん、恋愛の初期には、彼はそんなふうには見えません。思いやりがあって、親切そうで、頼りがいがありそうに見えます。でも、関係が落ち着いてくると、彼の勝手さやわがままさが目につくようになるものです。

つまり、男性の本質的な部分は変わらないのですから、ここはひとつ、女性のほうが賢くなるしかありません。

男性側の言い分によると、女性に「私を愛して」と押しつけがましくされると、それだけで気持ちが引いてしまう。そうではなく、俺たちは単純で子供なんだから、やさしくしてくれればいいんだよ。そうすれば、すごくうれしくなって、その何倍も愛してあげるよ、という事になるようです。

――こんな事をお見通しの女性が、男性が求める「いい女」、なのです。

もてる女性は男性に多くを求めない

いい女は、本能的に、男性に多くを求めません。「求めても、与えてくれない」事を知っているからです。あるいは、「女性がなにを求めているかを、彼は知らない」、という事を理解しているからです。

いい女は、ひたむきに男性を愛します。好きになった男に対しては母性愛が顔を出すので、放っておけないのです。そして、男性を立てます。どんなにわがままで子供っぽくても、男性の優れている能力や、強い力にはとても勝てないと知っているからです。

男性の弱さと強さを全部ひっくるめて、そのうえで「なくてはならない存在」だという事を認める。もてる女性はそんなふうに男性を見ています。

その理解が態度や言葉、仕草になって現れたとき、男性の目には「いい女」として映るのです。

確かに彼は、わがままで女好きで、お天気屋だけれど、それでも、あなたにはなくてはならない存在だと思ってみてください。

あなたのそのやさしいまなざしを、彼はいつも欲しいのです。

頼りになる女性は男性にモテる

広告代理店に勤めるK君（三一歳）が遊びにきました。

「猛烈に忙しくて、結婚相手を探しているヒマありませんよ」と言っていたのに、つい最近、婚約したそうです。お相手は、同窓生の薬剤師I子さん（三一歳）。しばらく前に再会し、お付き合いが始まったそうです。

どんな女性なの？　と聞いてみると、「とにかく頼りがいがあるんですよ」という返事。そして、こんなエピソードを話してくれました。

彼の心情を察したI子さんの賢い答え

あるとき、K君がリーダーになって取り組んでいた大型プロジェクトが挫折しそうになりました。K君は慌てて手を打ちましたが、すべてうまくいきません。

そんな折、幹事になっていた同窓会の打ち合わせがあり、女性の幹事だったI子さんと二人で話をする機会がありました。

聞けばI子さんも、職場でいろいろな経験をしている様子。K君は、ふとI子さんに愚痴を言いたくなりましたが、ぐっと言葉を呑み込みました。

なぜなら、前に付き合っていた彼女に愚痴をこぼすと、

「だから、私が言ってるじゃない。あなたは脇が甘いのよ。そんな事してたら、また失敗するわよ！」

とよく言われたのです。脇が甘いとか、また失敗するとか、落ち込んでいるときに言われたくない事ばかりで、「キミになにがわかるんだ！」と言い返して喧嘩になったいやな思い出があります。

だから、女性には仕事の話をしないと決めていたのですが、このときは、ついI子さんに悩みを話してしまいました。

彼の話を聞いたI子さんは少し考えて、こんな返事をしたのです。

「あなたがやってうまくいかなかったのなら、誰がやっても、うまくいかなかったと思うわ」

その言葉を聞いた瞬間、K君は胸のつかえがスーッと降りていくのを感じました。

なぜだか自信がわいてきて、もう一度チャレンジしたら今度はうまくいくような気が

したのです。

……そして、I子さんのような女性がいつもそばにいてくれたらなあ、と思ったのでした。

男性を包み込む母性の力

I子さんの一言は、なぜ、それほどK君の心をとらえたのでしょう。

その言葉には、母性愛があふれていたからです。

I子さんに限らず、男性から真剣に愛を告白される女性というのは、母性の表現がうまい人です。

男性は、たいがいの事は自分のほうが勝っていると思いたいので、女性には弱みを見せないよう、一生懸命カッコをつけています。ところが、本当の事を言えば、男性は気も弱いし、周りの影響にも弱いし、いろいろな欲望にも弱い。弱いところだらけなのです。

ともすれば、すぐにくじけそうになります。でも、女性の前では弱みを見せたくない……。

さて、いったい、どうすればいいのでしょう？

こういう男性の心の葛藤を解決できるのが、女性の「母性」なのです。

つまり、男性が弱気になっているときだけ、ほんの少し、女ではなく、母になってあげればいいのです。

男性は、女性の前では突っ張っているけれど、母の前では進んで子供になります。バカな事を言って甘え、思い切り弱さを出します。こうして、母親が「大丈夫だよ。きっとうまくいくよ」と言ってくれるのを待っているのです。

そう言ってもらう事で、胸のつかえが取れ、新たな勇気もわくのです。

弱気の彼を責めるのはNG

しかし、男性が弱気になっているときに、女性が母親に変身せず、常に男性に甘えるスタン

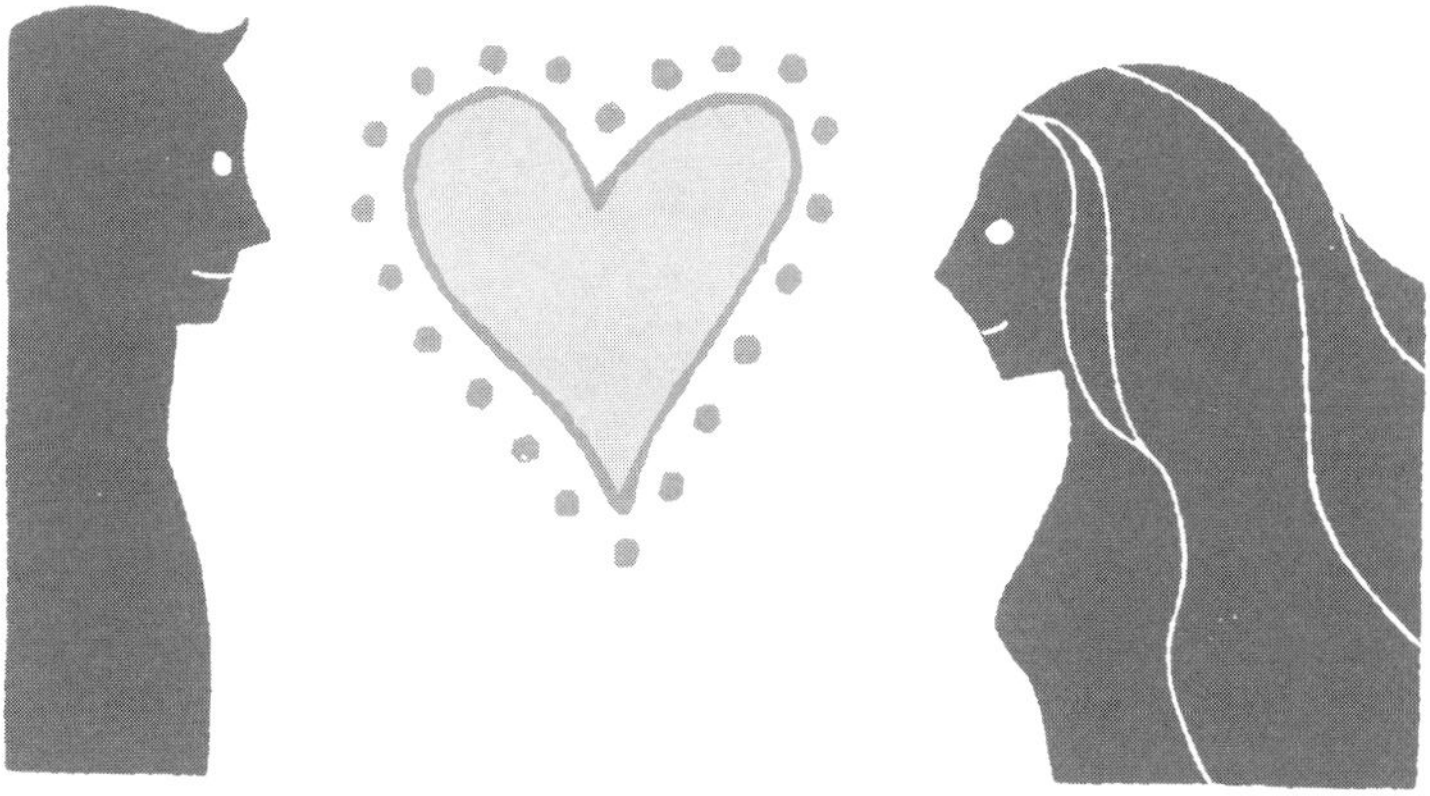

スを取り続けたらどうなるでしょう？

男性は自分一人を支える事もできない状態だから、女性の甘えに応じる余裕など、とてもありません。その結果、彼女に「それでも男なの！」というセリフを投げつけられて、大喧嘩になります。

Ｉ子さんは、Ｋ君が弱気になっているとき、しっかり母親に変身して、受け止めてあげました。Ｋ君が「彼女は頼りがいのある女性なんですよ」と言った、〝頼りがい〟の正体とは、実は〝母性愛〟だったのです。


みなさんはいかがですか？　彼が弱気になっているとき、母親の気持ちで、「あなたはよくやってるわよ」と言ってあげていますか？

彼には、あなたしか味方がいないのです。あなたからやさしい言葉をもらえれば、彼は、一生あなたを離さないでしょう。

彼が助けてもらいたがっているときに、

「男でしょ！　それくらいなによ、がんばりなさいよ！」

とだけは、決して言わないでください。

かいがいしく働く女性は男性から好かれる

女性の最大にして、かつ独自の強みは、母性です。

当たり前の事ですが、これは男性に備わっていないもので、男性は女性に母性を感じたとき、もっともその女性に惹かれます。

あなたが好意を寄せる男性には、ちょっとだけ母性の匂いをかがせてあげましょう。それだけでいいのです。

なぜ、そんな事が言えるかというと……男性たちでにぎわう繁華街を想像してみてください。

既婚男性なら、家に帰れば奥さんがいて、夕食もできているはずなのに、それでもわざわざお金を払って、スナックや行きつけの飲み屋さんに行きます。

なぜなら、そこには文字通り〝ママ〟がいるからです。

男性は〝ママ〟に甘えて、一通りの愚痴を言ったり、弱音を吐いたりしないと帰宅できないのです。家で待っている妻が〝ママ〟役をやってくれないからです。

こんな事を言うと「男のくせに甘えないでよ」と反発を感じる方がいるかもしれませんが、男性たちが社会のなかでへとへとに疲れ、誰かに甘えたい、と切望しているのは事実なのです。


スナックのママの話はさておき、私が言いたいのは、男性にもてる女性というのは、上手に母性の匂いを醸し出す事で、男性をリラックスさせてあげている、という事なのです。


この「母性」とは、男性を包み込むようなやさしさの事です。「肝っ玉母さん」のあけっぴろげなイメージとは違いますから、そこは間違えないようにしてくださいね。

このふたつを混同すると大変な事になります。

宴会で母性的な人が座る席とは?

では、さりげなく母性を感じさせる行動というものを考えてみましょう。例えば職場での宴会を想定してみましょうか。

こういう会で、あなたはどこに座りますか?　なんとなく敬遠され、空いている上司の隣の席でしょうか？　それとも、女子に人気のある、ハンサムで気さくな独身男性の隣？

……本当に気の利く、母性を感じさせる女性は、上司や男性社員の間に座りません。みんなの後ろに控え、なるべく下座に座ろうとします。下座は通路に近く、お店のスタッフが行き来して、料理をまとめて置いて行ったりするし、空になった器や飲み物のグラスがたまるしで、本当に落ち着きません。

そんなところに座ったら料理には手が届かないし、上座にいる上司にお酌はできないし、誰かがトイレに行くたびに立って道を空けなければいけないし……。

まったく割りの合わない席なのですが、あえてそこに座るのが、ずばり〝母性的な女性〟なのです。

下座にあなたが座って、運ばれてくる料理や飲み物にさりげなく気配りしているのを見れば、男性たちは「もっとこっちにおいでよ」と言いたくなります。

ところが、すでにいい席には〝気の利かない女性〟が座り込んでいます。彼女たちなりに上司にお酌したり、話題を見つけたりして会を盛り上げているので、男性たちは「こっちへおいでよ」とは、言いたくても言えないのです。

実はたくさんの男性と話せる！

お酒が入って盛り上がっているとき、男性がそんなところまで気がつくかしら？と思うかもしれません。でも、意外に見ているものなのです。特に、将来有望な男性社員ほど目配り、気配りがいいもの。

彼らはそういう気の利く女性を見逃しません。

宴もたけなわ、男性たちがトイレに立ったりする頃になると、みんな自分の席に戻らず、下座に座り込んで、「ご苦労様」と声をかけてくれたり、お酌してくれて、話し込んだりする事でしょう。気がつくと、男性全員が入れ替わり立ち代わりしながら、あなたのそばに座っているかもしれません。

下座に座る女性………これこそ、おいしそうにご飯を食べている家族を、静かな笑顔で見守っている母性のイメージそのものなのです。

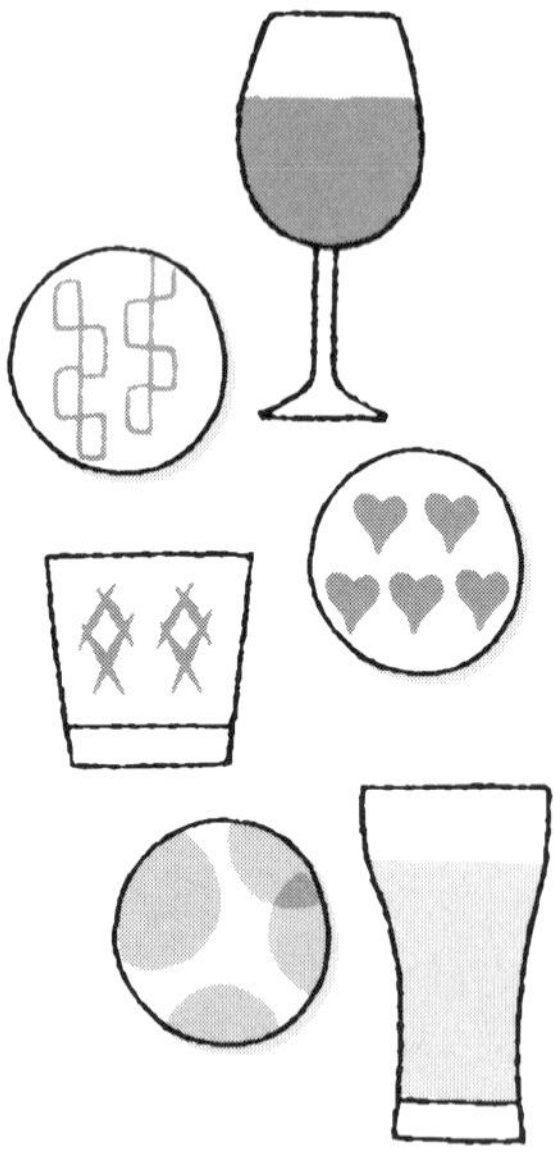

彼の趣味に関心をもっと
二人の会話が弾む

恋人同士だからといって、二人に共通の趣味があるとは限りません。

とは言うものの、共通の趣味があれば理想的だと思います。

私の知っている限り、共通の趣味があるカップルはいつも楽しそうで、お付き合いも長く、結婚するケースがほとんどです。

例えば、お酒、という趣味を考えてみましょう。

私の知り合いに、彼がお酒好き、彼女は全然飲まない、というカップルがいました。この人たちは、外食するときたいていもめていました。彼は食事よりゆっくり飲める店、例えば焼酎の揃った居酒屋さんに行きたいと言い、彼女はグルメ情報誌などで評判になっている、流行のレストランに行きたいと主張します。

どちらかが相手の趣味に合わせると、合わせたほうは不満足。食事中の会話も弾みません。気まずい空気が流れて喧嘩になるのがしょっちゅうでした。

食べる店の趣味が合わなくて喧嘩になる、というのはカップルにとって致命的です。案の定、このアップルはやがて別れてしまいました。

彼に付き合って、彼女が飲むように

もう一組、お酒が好きな彼と、飲めない彼女という同棲中のカップルがいました。彼はストレスがたまると、お酒をがんがん飲み始めます。

「なぜ、お酒に逃げるの？」

と彼女が聞くと、彼は

「俺は、あなたみたいに強い人間ではないんだよ」

とイライラしながら答えるだけです。

彼女はいったいどうしたらいいのかしらと悩み、ある日、彼と一緒になってビールを飲み始めました。彼は、そんな彼女が心配になり、おちおち飲んでいられません。しばらくこんな事を繰り返しているうちに、彼女はビール一本を飲んでも平気になり、いっぽうの彼は、あまり飲む気になれなくなって、お酒の量が減りました。

そして、彼女がほろ酔い加減になると、彼は仕事上の悩みなどを打ち明けるようになったのです。これまでは、彼女がいつも毅然としているように思えて、自分の弱みを見せる事ができなかったのです。

——でも、彼女がお酒を飲んだから、彼は打ち解けて、こんな話をするようになったのでしょうか？

私はそうは思いません。彼は、一生懸命お酒を飲む練習をしている彼女の姿に感動したのです。自分を理解しようとして、飲めないお酒を必死に飲んでいる彼女が可愛くて仕方なくなったのです。

このカップルはその後結婚し、今は二人の子供の親になっています。

彼はよろこんで教えてくれる

「私たち、共通の趣味がないから、うまくいかない」と思っているなら、とりあえず、あなたが彼の趣味に興味をもってみてください。

彼は、よろこんであなたに教えてくれるでしょう。教えてくれている間に、二人の溝は浅く、小さくなります。

しかしながら、共通の趣味をつくるために、あなたが彼に教えてあげる、というスタンスは避けたほうが賢明です。

男の人は、誰かに何かを教えてもらう、というのは苦手です。本当は教えてもらいたいと思っていても、「じゃあ、教えてあげる」と言われたとたん、「いらない、放っておいてくれ」と言うような、あまのじゃくなところがあります。

まして、交際中の彼女にものを教えてもらうのは絶対にいやなはずです。

二人で楽しめるような趣味をもつためには、女性が包容力を発揮して、自分から近づいていくしか方法はないのです。

ただし、彼がいろいろ教えてくれたとき、「へぇ〜、そうなんだぁ」と明るく相槌を打ちながら聞いていたにもかかわらず、数日後にはすっかり忘れている……というのでは彼をしらけさせます。

ですから、できればあなたも関心をもてるような趣味に合わせるとよいでしょう。彼が教えてくれた事を、簡単にメモしておくのもおすすめです。

包容力、という言葉は、男性に当てはまる言葉のように思われがちですが、実際に使える包容力をもっているのは、女性のほうなのです。

彼のために一人の時間を使って〝なくてはならない存在〟に

女性は愛する人ができると、その人の事が頭から離れなくなります。

これは母性愛のなせる業です。

母親は、愛するものをいつも気にかけ、心配しているものなのです。生まれたての赤ちゃんが事故なく育つのも、母親が常に見守っているおかげと考えれば、女性が愛する人の事をいつも気にかけるのは、本能なのだと理解できます。

いっぽうの男性は、愛する人ができても、頭を切り替えて仕事に没頭する事ができます。

これは父親の愛のなせる業です。

例えばライオンの場合、父ライオンは家族に食べさせるため、ひたすら獲物を狙います。そして獲物を見つけるや否や、全神経を集中させて獲物に飛びかかって行きます。このとき、愛する家族の事をぼんやりと考えていたら、父ライオンは永遠に獲物をしとめる事はできないでしょう。それでは家族を飢えさせてしまいます。

このように考えると、男性が仕事の場に一歩足を踏み入れたら、恋人の事は後回しになってしまう、というのも本能なのだとわかります。

そういうわけで男性は、彼女が四六時中、自分の事ばかり思ってくれている事が理解できません。ですから、

「私は、あなたの事をこんなに思っているのに、あなたは私の事をあまり思ってないじゃない」

と言われたら困ってしまいます。

彼は、あなたが一人のとき、少しでも有意義に過ごしてくれればいいな、と思っているのです。

彼の役に立つ事を探してみる

私の友人Nさんはハンサムな三〇代前半、恋人は二〇代後半ですが、Nさんは仕事が忙しい時期で、なかなか彼女とデートできません。

付き合い始めの頃は、その事でよく喧嘩になったそうです。「仕事と私と、どっちが大切なの？　そんなに仕事を優先させるのなら、私は必要ないでしょ」とも言われ

たそうですが、やがて彼女は変わりました。あるとき、彼女はこう言ったそうです。「どうせ会えないのなら、その間に自分一人ででぎる事をしておくわ」と。

例えば、Nさんが洋服を買いたいと思っていたとします。すると彼女が時間のあるときに一人でデパートに行き、彼に似合いそうなものを、あらかじめ見立てておいてくれるのです。そして次のデートの際、二人で買いに行くそうです。

「めぼしいものがほぼ決まっているから、買い物が能率的なんですよ。すごく助かってます。旅行に行くにしても、彼女が旅行代理店で話を聞いてきたり、ネットでプランを探したりして進めてくれるので、もう、パートナーとしてなくてはならない存在ですね」

とNさんは大満足の様子です。

実は、Nさんの前の彼女は、旅行のプランを立てるのは男の仕事でしょ、と言ってなにもしなかったそうです。女性はキレイであれば男性はよろこぶと信じ、ひたすらおしゃれとファッションに専念していたとか。

結局、忙しいNさんの負担が増え、仕事のストレスも重なって体調を崩し、その彼女とは喧嘩別れをしてしまいました。

そんな苦い経験があるものだから、今の彼女は理想的だと言います。

「彼女が、僕の仕事を理解しようと努力してくれるのもうれしいですね。僕は金融関係なんですが、彼女は新聞の関連記事を切り抜いて勉強しています。デートのときにそれをもってきて、こういう記事が出てたわよ、と見せてくれたり、意味がわからないから教えて、と聞いてきたり……。そういうのって、可愛いですよね」

Nさんは、彼女の魅力がますますわかってきました、と言っていました。

忙しい男性が、彼女に会えないときに望むのは、パートナーとしての役割をしてもらいたい、という事のようです。

彼の買い物の下見に行く、彼と行く旅行の下調べをする、彼の仕事を理解するための勉強をする……こうした事は〝彼のためにしてあげる〟事であっても、それを楽しめるのが女性ならではの母性本能です。それに、未知の事を調べたり、勉強するのは、あなた自身の経験や知識が増える事でもあるのです。

ぜひ一度、彼女のような過ごし方を試してみてください。彼に感謝されるだけでなく、彼にとってあなたは、ますます必要な存在になるはずです。

男性からモテる女性は
彼の胃袋もつかむ

昔から〝男の胃袋をつかめ〟とよく言われます。男性の心をとらえたかったら、料理上手になって、彼においしいものを食べさせてあげるのが近道、という恋愛マニュアルのひとつです。

男性は、料理上手の女性に弱いのです。

「なぜか彼とうまくいかないの」と悩んでいる方や、「また、彼氏にふられちゃいました」と落ち込んでいる方は、その原因が、案外こんなところにあるのかもしれませんよ。彼に、あなたの料理の腕前をちゃんとアピールできていますか？

モテる女性は、〝彼のハートだけでなく胃袋もしっかりつかんでいる〟という事は確かです。逆に、どんなにキレイな女性でも、料理の腕がイマイチだと悲しい結末を招いてしまいます。

料理が苦手だとあきられる

R君（三五歳）と彼女（三四歳）は、公園がお気に入りのデートスポットでした。さわやかな木陰で読書をしたり、話をしたりして過ごすのです。

ところが、彼女は遅刻の常習犯。R君が待ち合わせ場所に向かっていると、「ごめんなさい、お洋服に迷って、三〇分遅れます」というメールがきます。仕方がないので、彼はおいしそうなお惣菜や飲み物を買って、時間をつぶす事にしました。

……これが毎回の事となり、彼が食べ物と飲み物を用意し、彼女は手ぶらで遅れてやってくる、というのが二人の習慣になりました。

「彼女はお化粧もファッションもバッチリで、とてもきれいにしてくるんですけど、〝ここのお惣菜、なかなかイケるじゃない〟なんてパクつく姿を見て、僕のなかで疑問が生まれちゃったんですよ。なぜ彼女は毎回、僕に用意させて、なんとも思わないんだろうって……」

そこである日、彼は思い切ってメールしました。

「明日の公園に、お弁当、もってきてくれない？」

すると彼女からこんな返事が。

「私につくれってこと？　仕事で疲れてるから勘弁して」

結局、この二人は別れてしまいました。R君は言います。

「そんなに手の込んだものを期待したわけじゃないんですよ。簡単なサンドウィッチに卵焼きとか。そういうものでも彼女の手づくりだと、二人で楽しもうと思ってくれているんだって、気分になりますよね。彼女がファッションよりも料理をしてくる人だったら、もっと続いたかもしれません」

R君が、彼女との別れを決めたのは当然かもしれません。どんなにおしゃれをしてきても、R君には、彼女がだんだんキレイに見えなくなってきたのでしょう。

料理をしたがらない女性、あるいは、いつも料理に手抜きをする女性というのは、男性から見るとだらしのない、なまけものの女性にしか思えません。女性の料理力というのは、男性にとってそのくらい重要なものなのです。

特に結婚対象の女性には、彼はさらに厳しい目を向けているはず。〝仕事で疲れて帰ってきても、妻のおいしい手料理があれば、また明日から元気で働ける〟というのが、男性にとっての「理想の結婚」なのですから。

そういうところ、男性は案外現実的です。そうとわかったら、一日も早く料理の腕を磨いてくださいね。

彼の好物なら、よろこばれる?

彼によろこんでもらいたくて、好物を一生懸命につくったのに見事に失敗! という例があります。彼の体調や前の日に食べたものなどを考えてメニューをつくらないと、〝彼の胃袋をがっちりつかむ〟事はなかなかできません。それが料理の難しいところです。

でも、「ああ、ややこしい!」と思わないでください。彼への思いやり——これさえあれば、すべてうまくいきます。

T君(二七歳)が、以前付き合っていた彼女の部屋に、初めて遊びに行ったときの事を話してくれました。

「彼女は料理をつくって待っていてくれたんです。それがハンバーグとミートソーススパゲッティなんです。一生懸命つくってくれたのはうれしいんだけど……」

「それってあなたの好きなメニューじゃない? どこがいけないの?」

「確かに好きなんですけど、好きだから、しょっちゅう食べてるんですよ。ハンバーグは前の日に食べたし、ミートソーススパゲッティはその日の午前中に……。だから、両方出てきたときには、胃袋がウッとなっちゃって。

それに、いっぺんに食べるのは、ちょっと重いですよね。どちらも挽き肉料理だから同じ味。それでも残しちゃいけないと思って無理して食べていたら、気持ち悪くなってきたんですよ。お腹が一杯で……」

彼女にしてみれば、彼の好きな料理だと思ってつくったのに、彼は毎日食べているのであきていた、というわけです。


この場合、「何を食べたい?」と彼女が聞けばよかったのかもしれませんが、男の人って、この質問が案外苦手です。それに、好物をつくってよろこばせたい、というやさしい気持ちでした事なのですから、責める事はできません。

ただ、先ほど書きましたように、彼への思いやりがもう少しあれば、うまくいったでしょうね。

男性はおふくろの味に弱い

T君が現在付き合っている女性は、料理が得意だそうです。どんな料理をつくってくれるのかというと、

「僕が気に入っているのは、肉じゃがです。それも、ちょっとオリジナルで、じゃがいもが皮付きなんですよ。こうばしくておいしいですね」

なるほど、新じゃがは皮が薄いので、皮付きのまま料理に使う事ができます。でも、肉じゃがを皮付きでつくるという発想をする人はあまりいないので、私も感心してしまいました。

「肉じゃがなんて、おふくろの年代の人にしかつくれないのかと思ってたんですよ。でも、フライパンで簡単につくれるそうです。毎日、おふくろの味を食べさせてもらえると思うと、彼女となら結婚してもいいかな、と思うんです。料理のうまい女性って、今どき珍しいですからね」

はいはい、ごちそうさまです。

モデルさんみたいな美人と付き合ってはいたけれど、結婚した女性は料理が得意な、ごく普通の女性だったという男性の例が結構あります。

結局は、家事能力のある落ち着いた女性に惹かれていくケースが多いようです。

〝料理が上手な妻〟というのは、女性が想像する以上に、男性にとって大切なポイントなのだ、という事をお忘れなく！

いつもの料理をひと工夫!!

〈超簡単〉おもてなしレシピ

彼を部屋に招くときは、なによりもあなたの手料理が主役。
すごく簡単につくれるのに、ちゃんと手が込んで見えて、
彼から尊敬されるレシピを紹介します。

わッ、うまそう!
こんなの
つくれるの?

お腹もハートも大満足

ビーフストロガノフ

トッピングに普通は
サワークリームを使うけど
プレーンヨーグルトでも十分おいしい

誰でも得意なカレーライス。でも、彼のおもてなしには、カレールーの代わりにビーフストロガノフのルーを使って、最後にヨーグルトをトッピングしてみましょう。たちまち、酸味とパンチの効いたビーフストロガノフができあがります。

1 牛肉は一口大にカット、たまねぎとマッシュルームは薄くスライス。

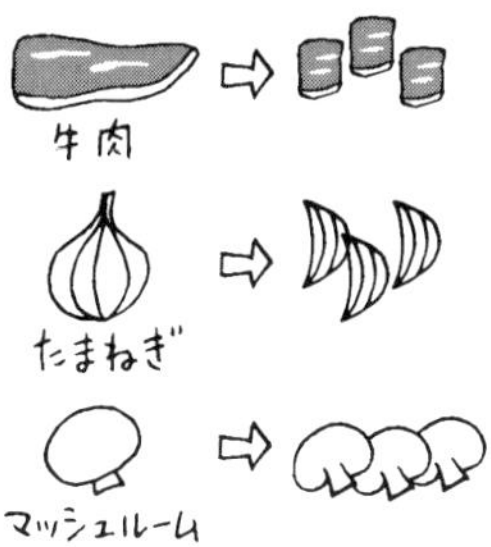
牛肉
たまねぎ
マッシュルーム

水

2 フライパンを熱し、サラダオイルを引いたら、たまねぎがしんなりするまで炒める。牛肉とマッシュルームを加え、全体が柔らかくなったら、水2カップを加えて蓋をして煮る。

3 5分煮て全体が沸騰したら火を止め、ビーフストロガノフのルー2片（約40g）を入れてレードルでよく混ぜる。再び火をつけて一煮立ちさせ、牛乳を加えて、煮立ったら完成。

ビーフ
ストロガノフの
ルー

くだものとアイスクリームを
盛り合わせて
デザートにすると
お口もさっぱり!

材料（2人前）

牛肉もも（小間切れでもOK）…200g
たまねぎ…中1個
マッシュルーム…4個
（他にエリンギ…1本、しめじ…1株など、きのこならなんでも）
ビーフストロガノフのルー…2片
プレーンヨーグルト…大さじ2杯
サラダオイル…少々
水…2カップ
牛乳…2分の1カップ

4 お皿の片側にご飯を盛り、空いたところに熱々のビーフストロガノフをよそい、上にプレーンヨーグルトをトッピング。

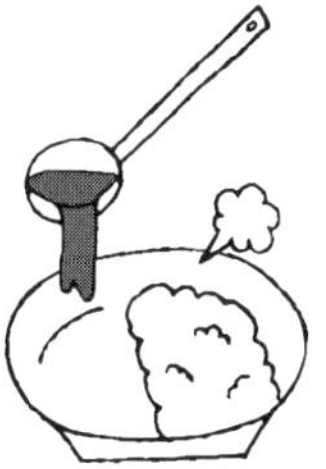

ビールにもご飯にもよく合う!

ゴーヤチャンプル

普通はソーセージや
豚肉を使うけど
ベーコンでもおいしいよ!

彼はきっと野菜不足……。でも、ランチの定番「野菜炒め」では芸がありません。そこでオススメはゴーヤチャンプル。手順は野菜炒めとまったく同じで、味つけだけが違います。カツオだしの素をパラパラとふりかけるだけで、沖縄ムードたっぷりの一皿に!

材料(2人前)

ゴーヤ…2分の1本
ニラ…1束
ベーコン…3枚
(豚肉100g、または薄切りソーセージ3枚でもOK)
木綿豆腐…半丁
卵…2個
にんにく…1片
カツオだしの素…小さじ1
しょうゆ…大さじ1
塩、こしょう、サラダオイル…各少々

1 ゴーヤは縦半分に切り、スプーンで種を取り除き、薄切りに。ニラは3cm幅、ベーコンは2cm幅にカット。豆腐はキッチンペーパーに包んで電子レンジで3分加熱し、水切りする。水切りした豆腐は、キャラメル大にカット。

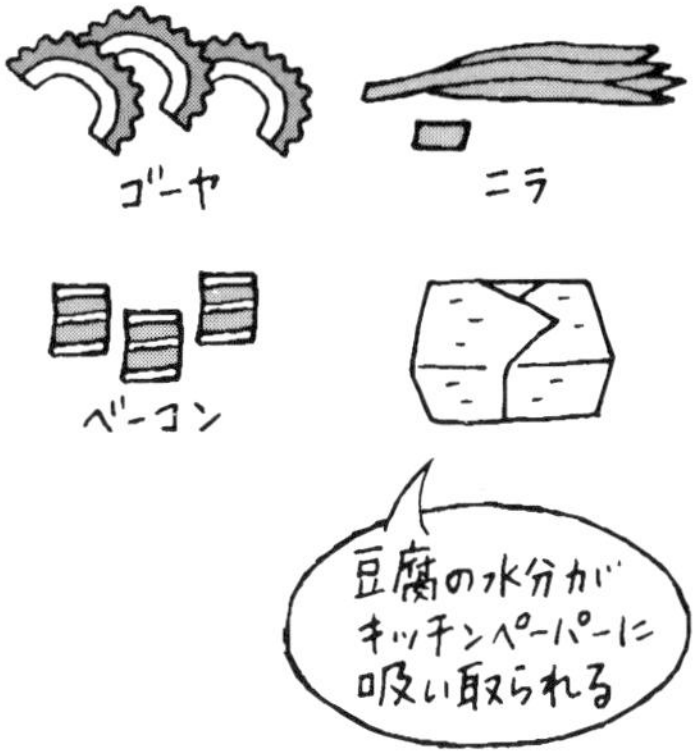
ゴーヤ
ニラ
ベーコン
豆腐の水分が
キッチンペーパーに
吸い取られる

2 熱したフライパンにサラダオイルを入れ、薄切りのにんにく、ベーコン、ゴーヤを順番に入れる。全体に塩、こしょう少々をふって炒める。ゴーヤがしんなりしたら、ニラを加えて炒め、豆腐も加えて、カツオだしの素をふりかけ、しょうゆを入れる。

豆腐
カツオだしの素

溶き卵を
回し入れる

3 全体を軽く混ぜたら、上から溶き卵を回し入れ、蓋をして1分後に火を止める。すぐにお皿に取らないと、卵がぱさぱさになっておいしくないので注意！

外食だとほんの少しだけど
手づくりすれば
安い材料でたっぷり!

ピーマン、もやし、どんな野菜でもGood!!

焼きうどん

味つけはカツオだしの他に
ウスターソース、オイスターソースでもOK。
彼の好みに合わせて!

失敗知らずの「焼きそば」ですが、彼を招くなら、目先を変えて「焼きうどん」にしてみては？ 残業続きで胃が弱っていたり、体調がイマイチなときには、「焼きうどん」のやさしいおいしさがピッタリ。彼を癒してくれること間違いありません。

材料（2人前）

ゆでうどん…2玉
豚肉…100g
（ももでも、ロースでもOK）
きゃべつ…2枚
にんじん…4分の1本
塩、こしょう、カツオだしの素…小さじ1
しょうゆ…大さじ1
サラダオイル…大さじ1
紅ショウガ…少々
削りカツオ…1パック

1 豚肉は一口大、きゃべつは切手大にカット。にんじんは千切りにする。

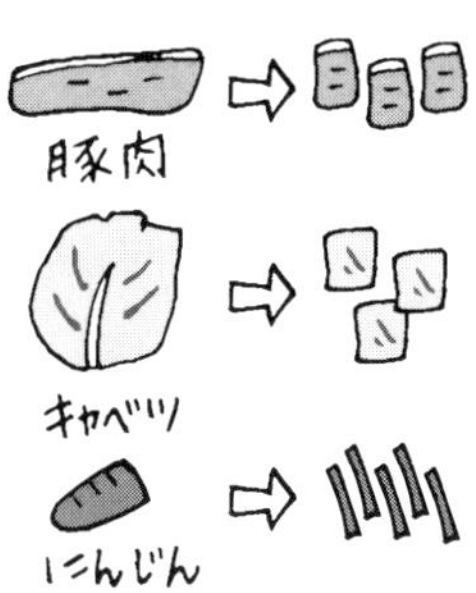
豚肉
キャベツ
にんじん

キャベツ
にんじん

2 熱したフライパンにサラダオイルを引き、豚肉を入れてよく炒める。にんじん、きゃべつも入れて、塩、こしょうをふりかけて、さらに炒める。

ゆでうどん

3 全体がしんなりした頃、ざるにゆでうどんを入れ、上からさっと水をかけてほぐす。よく水を切って、フライパンに加える。やや強火にし、手早く全体を混ぜながらカツオだしの素をふりかける。

4 うどんに火が通ったら、しょうゆを加えて、さっと混ぜてできあがり。紅ショウガを添え、削りカツオをトッピング。

やや強火で手早く
つくるのがコツ。
弱火だと うどんに
粘りが出て
おいしくなくなるよ

2人で楽しい鍋パーティをしよう！

フライパンでつくる牛鍋

フライパンの柄にリボンを結んだり
花や葉っぱをテープで止めると
パーティー気分が盛り上がる！

ごちそうと言えばやっぱり「牛肉」。だけど、高級なビーフは値段も高いし、かといって定番の牛丼じゃ、夢がありません。そこで牛鍋にすれば、たちまち二人だけの鍋パーティーが始められますよ！

材料（2人前）

牛肉…200～300g
（高級なすき焼き用でなく、細切れでOK）
焼き豆腐…1丁
しらたき…1パック
ねぎ…1本
生しいたけ…4～5個
卵…2個
しょうゆ、酒…大さじ2
砂糖…大さじ1
サラダオイル…少々

1 牛肉は食べやすい大きさにカット。焼き豆腐は16等分に切る。しらたきは熱湯を通して食べやすい長さにカット。ねぎは3cm幅にそぎ切り。生しいたけはそぎ切りで半分にする。

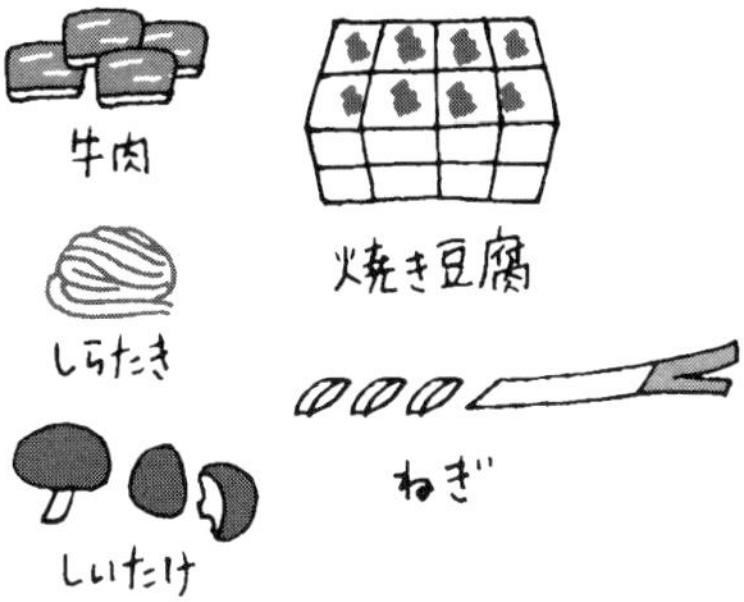
牛肉
焼き豆腐
しらたき
ねぎ
しいたけ

2 フライパンを熱し、サラダオイルを引いてねぎを炒める。

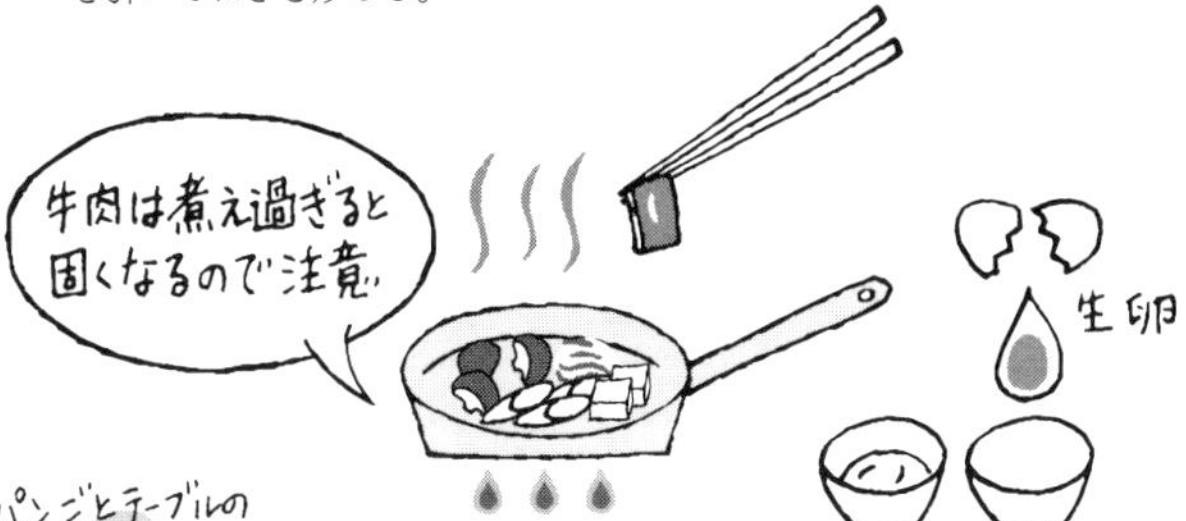
牛肉は煮え過ぎると固くなるので注意
生卵

フライパンごとテーブルの鍋敷きの上に置いて彼とフーフーしながら食べよう!

3 ねぎがしんなりしたら、しょうゆ、砂糖、酒を入れ、そのなかに、牛肉以外の材料を並べる。かき混ぜないこと。

4 全体がぐつぐつ煮立ってきたら、牛肉をそっと入れてできあがり。味つけはお好みで整えて。 生卵を小鉢に取り、卵に浸しながら食べる。

鶏唐揚げとそうめんの相性バツグン

鶏肉入りスープそうめん

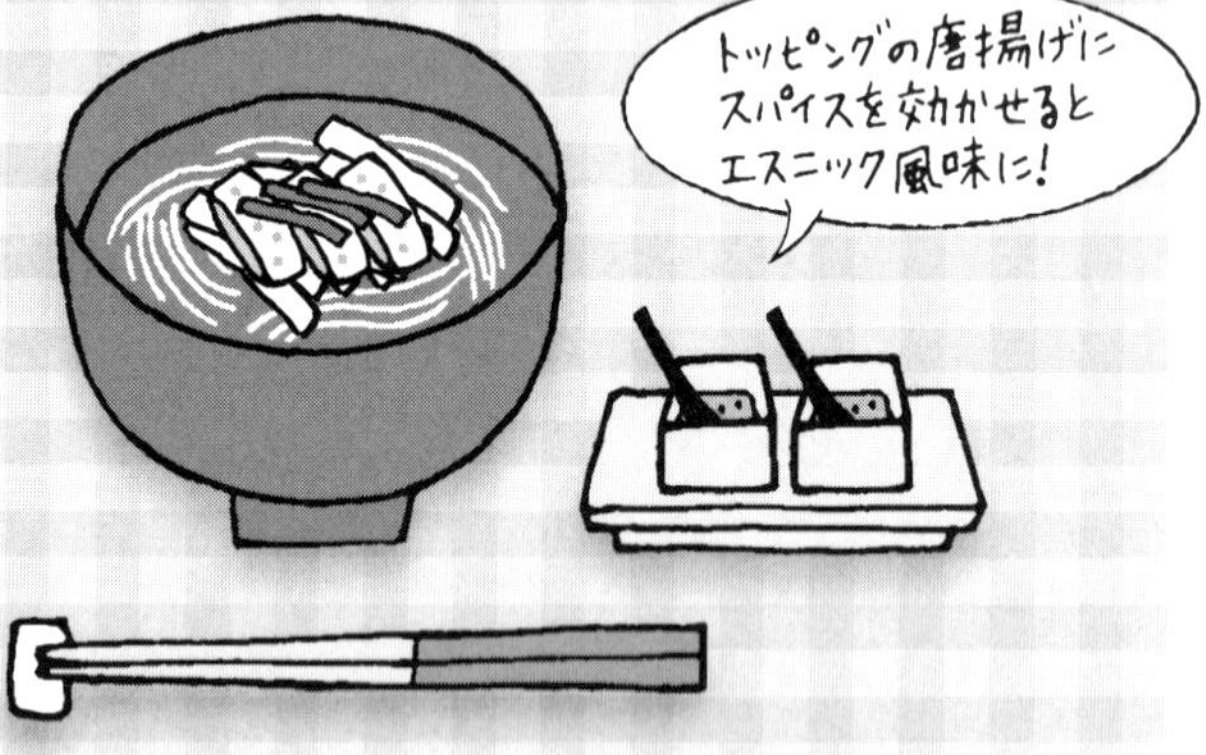
トッピングの唐揚げに
スパイスを効かせると
エスニック風味に!

パスタはきっとあなたの得意料理のはず。でも、彼をびっくりさせたかったら、今日は調理がもっと簡単なそうめんを使って、一風変わった鶏肉入りスープそうめんをつくってみましょう。

材料（2人前）

そうめん…2束
鶏もも肉…150g
レタス…2枚
そうめんのつゆ…2カップ
しそ…2枚
七味唐辛子…少々
しょうゆ、酒、片栗粉…各大さじ1
サラダオイル…少々

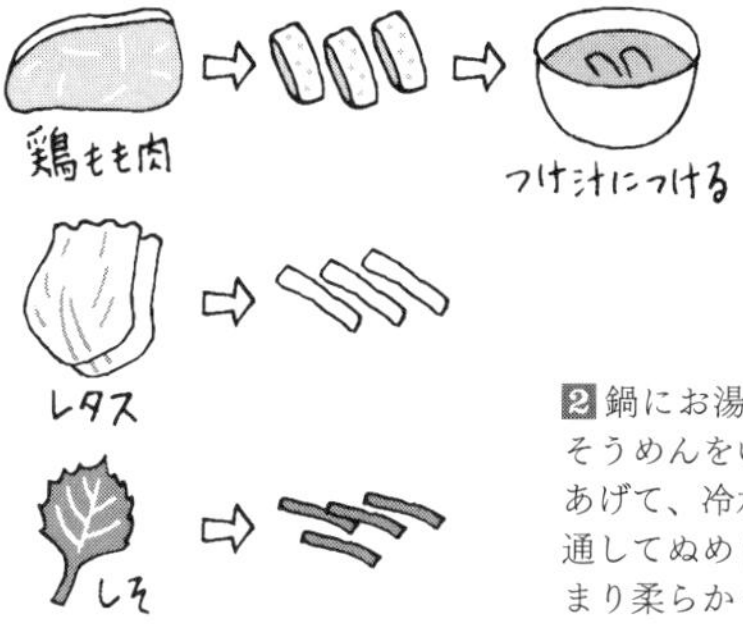
鶏もも肉
つけ汁につける
レタス
しそ

1 鶏のもも肉を細切りにし、しょうゆ、酒を混ぜたつけ汁に30分くらいつけておく。レタス、しそは細切りにする。

2 鍋にお湯をわかして、そうめんをゆで、ざるにあげて、冷水をたっぷり通してぬめりを取る。あまり柔らかくならないように注意。

鶏肉に
片栗粉を
まぶしつける

沸騰したお湯のなかに
そうめんを入れて
1分ほどしたら
1本食べて
ゆで加減を
チェック!

3 そうめんを冷水で洗っている間に、フライパンを熱してサラダオイルを入れる。つけ汁につけておいた鶏肉に片栗粉をまぶして、フライパンで焼く。

七味唐辛子や、お好みで
刻み海苔、ごま、などを
ふりかけて

4 やや大きな器にそうめんを入れ、細切りのレタスをたっぷりのせる。さらに、焼き上がった鶏肉を置いて、全体にそうめんのつゆをたっぷりかける。しそを散らしてできあがり。

ボリューム、豪華さともに満点!!

ホタテとポテト入りクリームドリア

予熱したオーブントースターで
5分ほど加熱して仕上げれば
焼き色がついておいしそう!

クリーム味のレシピといえば、クリームシチューとクリームグラタン。今日はちょっとひねって、両方を合わせたようなクリームドリアをつくってみましょう。ホタテとポテトを入れて、ボリュームとリッチ感の両方を狙います。

材料(2人前)

ボイルホタテ…5〜6個
じゃがいも中…1個
たまねぎ中…4分の1個
卵…2個
ご飯…茶碗2杯
生チーズ…40g
牛乳…カップ1
小麦粉…大さじ1
バター…20g
サラダオイル、コンソメ粉末…小さじ1
塩、こしょう…少々

1 じゃがいもは洗ってラップに包み、電子レンジで4分加熱。できあがったら皮をむいてスライスする。たまねぎは薄切り。ボイルホタテは半分にカット。牛乳、小麦粉、コンソメ粉末をボールに入れ、泡立て器を使ってよく混ぜ合わせておく。

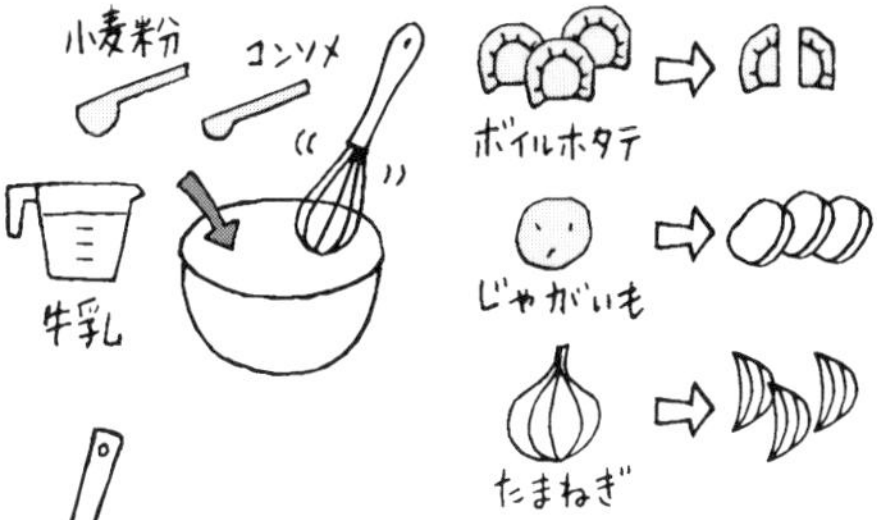
小麦粉
コンソメ
牛乳
ボイルホタテ
じゃがいも
たまねぎ

2 熱したフライパンに半量のバターを入れてご飯を炒め、塩、こしょうを少しふりかけ、バターライスをつくる。

ヘラで全体をよくかき混ぜていると、やがて全体がまとまってクリームソースができる

3 熱したフライパンにサラダオイルを引き、たまねぎを入れてよく炒める。たまねぎが柔らかくなったら、じゃがいも、ボイルホタテを加え、塩、こしょうを少々ふり入れ、残りのバターを加えて、ここに、**1**の牛乳と小麦粉とコンソメ粉末を合わせたものを加える。

お好みで
レモンスライスや
タバスコを
プラスして!
生卵

4 グラタン皿(スープ皿でもOK)に、バターライスを入れ、その上に、**3**のクリームソースを置き、真ん中をややくぼませて、そこに卵を1個を割り入れる。その上から生チーズを散らして、電子レンジで1分半加熱したらできあがり。

5品

待ってる間に期待がふくらむ

メイン料理ができるまでの簡単おつまみ

キッチンでお料理をつくっている間、彼には軽くビールでも飲みながら待ってもらいましょう。そんなとき、柿ピーを出したのでは、ちょっと興ざめ。軽いおつまみも、手づくりならパーフェクトです。

彼に出すときには
カワイイ小皿に
野菜を少しずつ盛りつけて

ドレッシングでつくる浅づけ

きゃべつ、きゅうり、レタス、大根など野菜ならなんでも食べやすい大きさにカットし、ポリ袋に入れて、塩小さじ1を加える。2時間ほどしたら野菜がしんなりするので、軽くしぼってボールに移し、青しそドレッシングを野菜がかぶるくらい入れておく。

卵は冷蔵庫から出して
1時間以上おくと、ゆでた後
殻がむきやすいよ

煮卵のくし切り

沸騰したお湯に卵2個を入れ、4分で取り出して半熟卵をつくり、殻をむく。ボールにゆで卵を入れ、卵がかくれる量のめんつゆ（薄めたもの）を注いで冷蔵庫に一晩おく。前の日につくり、当日は、くし切りにして盛りつけて。

カリカリベーコンの海苔巻き

ベーコンを5cmほどに切り、フライパンでカリカリに焼いて、海苔で巻くだけ。ベーコンと海苔の組み合わせは、やみつきになるおいしさ。

ピリッと刺激的な味噌と
冷たいキャベツの
取り合わせが抜群!

おつまみキャベツ

キャベツは洗ってハガキ半分ほどの大きさにして冷蔵庫で冷やす。これでできあがり。冷たくパリッとしたキャベツを特製の味噌で食べる。特製の味噌は、ボールに手もちの味噌大さじ2を入れ、ごま油小さじ1とラー油少々を入れて、よく練ってつくる。

アルコールの
おつまみに
ピッタリ!

きゅうりとウインナのピンチョス

ウインナを炒め、2cm幅にカット。きゅうりは縦半分に切り2cm幅にカットする。2つを重ねて爪楊枝で刺す。

Lesson 2

その言葉、ちょっと待って！

男性がさめる女性のこんなセリフ

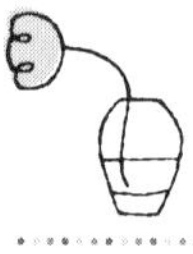

女性の言葉に男性は傷つきやすい

軽い気持ちで言った言葉なのに、予想もしない重みで相手に受け取られてしまった、という経験は誰にでもあると思います。

私たちは、言葉を発するときは割り合い無神経なくせに、人の言葉を受け取るときは、なぜか神経を集中させて聞くようなところがあるからです。

ひとつの出会いが恋愛に発展するまでの間というのは、特にそれが顕著です。

あの人は何を考えているのかしら？　自分の事をどう思っているんだろう？

お互いがそれを探ろうと、相手の言葉をよみがえらせては分析したり、解釈してみたり。ああでもない、こうでもない、とぐるぐる同じ道をたどるのが恋につきものの切なさ、甘酸っぱさなので、それはそれでいいのですが……。

結局、言葉がうまく伝わっていなかったために、せっかくの恋がそこでストップ、という例も少なくありません。

男性はもともとデリケートで、プライドが高いもの。さらに、母親から甘やかされて育っていますから、いつまでも子供っぽさが抜けません。つまり、女性には「自分のわがままを受け止めてもらい」、「いい気分にさせてもらって当たり前」、と思っているところがあるのです。

そこで、そんなつもりで言ったんじゃないのに……という女性のなにげない一言が、男性の心にグサッと射さる、というすれ違いが頻繁に起こってしまうのです。そうなると、やっかいな展開に……。

この章では、こうしたすれ違いのもとになる、男性が嫌う女性のセリフを集めてみました。男性にこれらの言葉を投げつけると、誤解されたり、喧嘩になるかも、という見本ばかりです。

あなたがもし、これらのセリフを彼にぶつけたくなったとしても、とりあえず、ぐっと飲み込んでください。相手は子供っぽいのですから、女性のあなたが大人っぽく振る舞うしかないのです。

あなたが一言、飲み込むだけで、無用のトラブルが防げます。気がつけば男性の機嫌も直って、あなたの頼み事にも耳を傾けてくれるでしょう。

そのほうが、ずっと賢いと思いませんか？

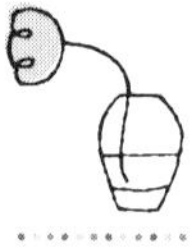

男性がいらつくナンバーワン「仕事と私と、どっちが大事？」

恋がしたい、恋人が欲しい、と切実に思う気持ちは男性も女性も同じです。

でも、実際にお付き合いが始まった後の事を想像するとき、男性にはちょっと頭の痛い問題がいくつか浮かんできて、恋に突進しようとする気持ちにブレーキがかかったりします。

そのひとつが、時間のやりくり。

会社によっては、ほぼ毎日残業。土日だってイベントや接待ゴルフの予定が入り、休日はなきに等しい男性が結構多いものです。こういう男性は、デートの時間をつくるのが至難の業です。

もっとも、毎日が忙しければ忙しいほど、愛する人とゆっくり過ごす時間は貴重で素晴らしいものになるのは間違いありません。短い時間だからこそ、二人でいるよろこびが高まり、愛も凝縮され、別れの切なさが素敵な余韻となってお互いの心に焼きつけられるのです。

――でも、残念ながら、そういうロマンチックなデートは初めのうちだけ。彼と会えない不満、寂しさが、やがて彼女の口から出てくるのは必至です。

「仕事、仕事って言ってるけど、仕事と私と、どっちが大事なの？」

彼女のそういうセリフを予想するとき、男性は〝恋〟に躊躇《ちゅうちょ》してしまいます。

私の知り合いにも、この喧嘩パターンで別れそうになったカップルがいます。

連休に上司からゴルフの誘いが！

Hさん（三二歳）と、フリー翻訳家のE子さん（二八歳）は、同棲中。

Hさんは商社マンなので、休みの日にはしょっちゅう接待ゴルフの予定が入ります。週末なのに、彼が朝早くからゴルフに行ってしまうのが、E子さんには不満です。

でも彼は「接待ゴルフは神経が疲れるから俺だって行きたくないよ。でも、これも仕事のひとつなんだ」と言います。

お天気のいい週末、一人で街を歩いていると楽しそうなカップルが目につきます。彼が一緒だったら……と思うと、E子さんは涙が出るほど寂しくなるのでした。

そんなある日、とうとう大喧嘩に！

二人が部屋でビデオを見ていると、彼のケータイに上司から着信がありました。上司は彼に日程を尋ねている様子です。

また、ゴルフ？　E子さんはいやな予感がしました。

「ちょっと確認してみます。少々お待ちください」

と彼が言ってケータイを手で押えたので、E子さんは、自分に「この日、なにか予定ある？　なければゴルフに行くけど、いい？」と聞くつもりなんだな、と思いました。ところが、彼の行動は予想外！　自分の手帳を取りに行って予定を確認すると、そのまま、

「お待たせしてすみません。次の連休は、なんの予定も入っておりません」

とうれしそうな声で言ったのです。結局、彼は次の連休、上司の別荘に泊まって一泊二日でゴルフをする事になりました。E子さんはものすごく腹が立ちました。

「連休に、なんの予定も入っておりません、ってどういう事なの？　連休の予定は、これから二人で考えようって、言ってたんじゃない？　私はなにをすればいいの？　連休の間」

そんなE子さんに対して、彼は悪びれる事もなく、こう言いました。

「仕事だよ、仕事！　上司の別荘に泊まったって、俺はなにも面白い事はないんだよ。

気を遣うばっかりでさ。だけど、仕事なんだから仕方ないだろ?」

E子さんは、思いました。彼にとって私はすごく小さな存在なんだと。彼の頭のなかにあるのは仕事だけ。彼のために毎日家事をしているのが、急にむなしくなりました。そして、こんな言葉が自然に口をついて出たのです。

「そんなに仕事、仕事って言うんなら、私なんか必要ないじゃない。仕事だけして生きていけば!」

「そういう意味じゃないけど、どうせなにを言っても、女にはわからないよ」

大喧嘩になり、口をきかない日が続いています。

出世するのは愛する女性のため

E子さんと私は、仕事の打ち合わせを兼ねてときどき食事をするのですが、その席に音楽プロデューサーの男性B氏も同席していたので、世馴れた五〇代のB氏ならこの二人の喧嘩をどう思うのか、意見を聞いてみました。

「男っていうのは二四時間、仕事の事が頭から離れないんだよ。それはね、仕事が大好きとか、仕事が一番だと思っているからじゃないよ。そういう男もたまにはいるけど、ほとんどは、仕事をしないと生きていけないとわかっているから、手が抜けないんだよ。どうせ仕事をするなら、出世したいと誰でも思うじゃない？　金もたくさん入るし、たくさんの人に頭を下げられるのは気分がいい。――つまり、男が出世したいと思うのはごく自然な事なんだ。だから、女性に〝仕事と私と、どっちが大事？〟って聞かれると、困っちゃうんだよな」

「でも、土日も連休も仕事、仕事、仕事って言われると、無視されているような気になる、という私の気持ちもわかるでしょう？」

E子さんが、B氏に聞きます。

「もちろん、わかるよ。ただね、彼は無視してるんじゃなくて、あなたの気持ちを思いやる余裕がなかったんだろうね。連休に上司の別荘に誘われるっていうのは、サラリーマンにとってチャンスなんだよ。同僚から頭ひとつ抜け出す事だからね。

そういう事を、あなたにちゃんと説明すればいいのに、彼は省略しちゃったから、二人がすれ違ったんだね。まあ、そんな事情をいちいち女性に説明したくない、というのも男の特徴だけどね」

「私は会社勤めではなくてフリーだから、そういう会社のなかの事が、よくわからなかったかも……」

B氏の説明で、E子さんにも男の世界が少しわかってきたようです。

「彼が仕事を優先するのは、将来、奥さんになるあなたのためでもあるんだよ。あなただって、彼に出世してもらったほうがうれしいでしょ？　女性は〝出世しなくてもいいから平和に暮らしたい〟と言うかもしれないけど、男は〝出世しなくちゃ家族を幸せにできない〟と思っているようなところがあるからね」

B氏の話を聞いているうちに、E子さんの表情が晴れていくのがはっきりわかりました。

「彼が必死で仕事をするのは、愛する女性のためなのだ」というB氏の説明で、壊れかけた大切な愛が、ひとつリセットできたようです。

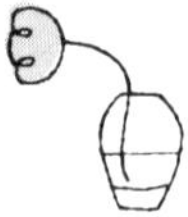

彼の愚痴に「って言う～か…」とアドバイスするのは逆効果

仕事をしていると、うまくいかない事だらけです。

取引先や上司から叱責や注意を受ける毎日を送っていると、つい、「俺ってダメなのかなあ」とか「俺って無能なのかもしれない」と弱気になってしまいます。

その代わり、たまに仕事がうまくいくと、「やっぱり俺ってすごい」「俺って天才だ！」といっきに元気が出るのですが……。

そのくらい単純で、とにかくこれ以上、自信を失いたくない、とイジイジしているのが男なのです。ですから、せめて恋人には「あなたは、すごいわね」とか「なんでもよくわかってるわね、頭がいい！」ともちあげてもらいたいな、と彼は切実に思っています。

ところが、女性は変に正直。いいものはいいと認めますが、よくないものはよくない！　と、ずばり言ってしまいます。ウソが本能的に嫌いなのです。

〝ウソでもいいから俺をもちあげてよ〟と思う男性と、〝私は自分に正直なの、ウソは言いたくないの〟とキッパリ言う女性。

当然、ここにはすれ違いが起こります。

正直な事がよいとは限らない

女性が自分の思っている事を正直に言いたくなる心理、よくわかります。それは正しい事かもしれません。

――でも、正直な気持ちを伝える事が、いつもよい結果になるとは限らないのです。

例えば、彼がなにかを主張した場合、「そういうのって、ちょっとおかしいよ」と正直な感想を言うと、それでなくても自信喪失気味の彼は「俺っておかしい事しか言えないのかなあ」とますます落ち込んでしまうかもしれません。

会社でも落ち込んでいる彼が、あなたと会っているときまで落ち込まされたら、精神的に追いつめられてしまいます。

それは、恋人であるあなたにとっても困る事です。

せめてあなたと一緒にいるときには、「俺って案外やるじゃん」と自信を取り戻してもらえるような話し方をしてあげてください。

その方法は、簡単です。彼がなにか言ったり主張したときは、必ず彼を認める言葉から話し始めるのです。


「なるほどねえ」

「そうなんだ、へえ〜」

「面白い意見ね」

「そこには気がつかなかった！」


こうした言葉を最初にもってくるだけで、彼は「俺、なかなかいい事、言ってる」と感じます。

否定的な言葉は彼を怒らせる

反対に、否定的な言葉から話し始めると、彼は「彼女にまでバカにされた」と思って、

それ以上、話す気がしなくなります。例えば、

「……って言うかさあ」

「違うって言ってるでしょ」

「そうじゃないのよ」

「私の言ってる事、わからない？」


そして、あなたが次のような事をチラッとでも考えると、言葉に出さなくても、その気持ちは彼に伝わってしまいます。男の人は勘は鋭くないけれど、相手が自分をどう思っているかには敏感なのです。


〝そんな子供みたいな事言ってどうするの？〟

〝言ってる事が支離滅裂！〟

〝なんにもわかってないのね〟


あなたがこんなふうに思っているとすれば、彼を子供扱いしている証拠です。隠し

ているつもりでも言葉のどこかにそういうニュアンスが出て、彼を怒らせる事になります。

恋人に対して男の人が怒るとき、彼は自分に対しても怒っています。「俺、情けないなあ。なんでこんな事、言われなきゃいけないんだ」と。

彼がこんなふうに感じ出したら、あなたへの愛情は確実に目減りしていきます。男性は、プライドが高いのです。

男性には子供っぽいところがありますが、そんな子供っぽい部分があるからこそ、こんなにも女性を求めているのです。

恋愛経験が浅いうちは「え?」と思うかもしれませんが、〝女性はお母さん、男性は子供〟という役割をある程度認めてあげないと、長い恋愛関係は成立しないと言えます。逆に言うと、この役割さえ認める事ができれば、恋愛のコツをつかんだのも同じこと。

男女どちらにも役割があるのだと思って、彼の子供っぽさを理解できるようになるといいですね。

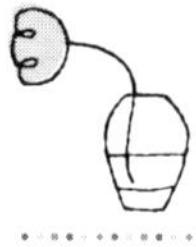

プライドを傷つける「男のくせに!」の一言

彼が期待通りの事をしてくれなかったり、あるいは優柔不断だったり、終わった事をいつまでもイジイジ思い悩んでいたりすると、私たち女性は、つい、「それでも、男なの?」とか「男なんだから、しっかりしなさいよ!」と言ってしまいます。

彼に対して腹を立てているときにも言いがちですが、励ましのつもりで言っている事もあります。つまり、「あなたは、やればちゃんとできるのだから、自信をもってしっかり取り組んでね!」という応援の気持ちからです。

ところが、どちらにしても、言われた男性はバカにされているような気持ちになるのか、たちまち顔色が変わり、そのまま黙りこくったりします。

結局、その一言が原因で、大変な喧嘩に発展してしまったりするのです。

どうして彼らは〝男〟という単語に、こうも過剰に反応するのでしょうか?

親から繰り返される〝男なんだから〟という説教

男の人たちは、小さいときから「男の子なんだから、がまんしなさい！」とか「男の子は、泣いちゃダメ！」「男がそんな事でどうするの！」などと、事あるごとに、〝男〟を引き合いに出して親から叱られたり、教育されたりしています。

女性の私から見ても、これはちょっと気の毒な気がします。

実際には男の子にとっても女の子にとっても、「がまんする」とか「泣いちゃダメ！」という教育は同じように大切なはず。なのに男の子ばかりが、うんざりするほど性別を引き合いに出して説教され続けるのですから。

それで男性は、大人になってからも「男のくせに……」という言い方をされると、まるで自分が子供扱いされているような気になって、自信を失い、機嫌が悪くなってしまうのではないでしょうか。

その証拠に〝男〟というキーワードをよい意味で使った場合、男性はたちまち機嫌がよくなります。

例えば重い家具などを動かしてくれた場合、ただ「ありがとう」と感謝するよりも、

「さすが男ねえ。すごい力!」と感心したように言うほうが、確実に彼はうれしそうな顔をします。

この場合は、子供の頃に返って母親からほめられているような満足感を味わっているのだと思うのです。

これが女性の場合だと、事情が違ってきます。

「女のくせに!」と人から言われても、それほど腹も立ちませんが、ほめ言葉として「さすが女ねえ……」と言われても、それほどうれしくもないし、ほめられているような気もしません。これは、男の子ほどには、親から「女の子なんだから」とか「女の子のくせに」と言われて育たなかったので、この言葉にコンプレックスを刺激されることがないからと言えそうです。

ここまで考えてみて、いっそうはっきりわかりました。

彼が、あなたから「男のくせに!」と言われるとき、あんなに機嫌が悪くなったり、喧嘩になったりする理由が……。

あなたからそう言われたとたん、彼はあなたが恋人ではなく、口うるさい母親に見えてしまっているのです、きっと。

恋人は口うるさい母親になってはダメ

もちろん母親はいいものですが、口うるさい面だけは、子供にとってうんざり。もしかしたら、それが母親の唯一、嫌いな部分かもしれません。

その母親の嫌いな部分をよみがえらせるキーワードが「男のくせに！」という責め言葉なのだと思うと、男性がこの言葉に過剰に反応するのも納得できます。

ある男性は、「お前も男だろ！」という言葉を、他の男性から言われたら励まされているような気がして「よし、がんばろう！」という気になるけれど、女性から言われたら、「あなたに言われたくないね」という気になる、と言っていました。

そうなのです。「男のくせに！」という言葉を女性が言うのは、絶対にタブー。彼を子供扱いする失礼な言い方なのです。

男性を励まし、癒し、成長させるのは、大きな愛を感じさせる母の愛である事は間違いありませんが、母性本能と口うるさい母親とは違います。

恋人であるあなたは、そこのところを混同しないようにしてください。

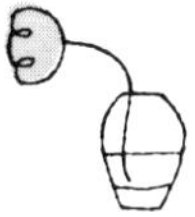

「私たち、うまくいくかしら」の問いかけで愛の確認をしない

一般に男の人は子供っぽい、という話をしましたが、もちろん、女性にだって子供っぽいところはたくさんあります。

それが顕著なのは、女性は「恋に恋する」傾向が強いという点です。

小さい頃から、女性は恋する事を夢見ながら生きているようなところがあります。

思春期を過ぎ、好きな人に出会って恋に落ちるのは、〝夢が叶った最高の瞬間〟と言えるでしょう。

恋人同士がようやくめぐり会えた相手を愛し、精一杯、恋を楽しめばそれ以上の幸福はない……のですが、そこに小さな落とし穴が待っているのです。

それは、男性と女性の〝恋〟についての温度差です。

男性も恋に憧れ、恋人を探し求め、好きな人が見つかれば、少しでもその人に近づきたいと思います。ここまでは女性と同じです。

そして、ひとつのカップルが誕生します。

ところが、ここからが違うのです。男性は、恋する人とカップルになれば、どんどんその先に進んで行こうとします。でも、女性は踏み出すのを躊躇しています……。

男女で違う〝恋人〟のイメージ

このあたりの心理をW君（二〇代後半）はこう解説してくれます。

「告白してオーケーをもらうというのは、〝恋人同士になる〟ということ。男にとって〝恋人ができる〟という事は、つまり〝セックスする女性ができる〟というふうに思っちゃうんですよ。

……それでこの前、告白した女性を僕の部屋に誘ったんです。素直にきてくれたから、僕がベッドに連れて行こうとしたら、もう少し待って、って拒否されたんです。すごいショックでしたね。正直、二重にショックでした。〝恋人なのに拒否するんだったら、恋人でもなんでもないじゃん〟というのがひとつ。もうひとつは〝じゃあ、なんで部屋にきたんだよ〟って。男をその気にさせておいて、お預け食わせるなんて性格悪いですよ。こっちはその気になって楽しみにしてたから、立ち直るのが大変でした」

それが男性にとっての恋、あるいは恋人のイメージのようです。W君の話は続きます。

「その後はデートのとき、僕の部屋に行こうと言ってもこなくなっちゃって。仕方がないから、彼女に付き合って買い物に行ったり、カフェで話し込んだり……こんな事いつまで続くのかなあ、と思ったら僕、不機嫌になったんです。そしたら彼女は、こう言ったんですよね、〝私たち、うまくいくかしら？〟って。ちょっと彼女の事がわからなくなりました」

複雑なY子さんの気持ち

Y子さんは、なにを考えて「うまくいくかしら？」と言ったのでしょう？

彼女はW君を好きだから、告白にオーケーしたのです。恋人ができるという事は、いつでも自分を見守ってくれる人ができるということ。どこに行くのも一緒。なんでも相談できる人。もちろんセックスもかまいません。

……でも、Y子さんはこうも思います。

一度セックスしたら、その後のデートはいつでもセックスなのかもしれない。私は、彼と一緒にショッピングに行ったり、遊園地に行ったりしたいのに……。友達も、一

度したらいつもセックスばかりでつまらない、と言っていた。だから拒否したんだけど、彼はこの頃、機嫌が悪い。という事は、セックスだけが目的？　そんなの失礼だわ。私たち、うまくいかないかも……。

とまぁ、こんな事を考えているのだと思います。

先ほど、男女では〝恋〟の温度差が違うと言いました。

女性が子供の頃から夢見ている〝恋〟とは、カッコいい男性と腕を組んで街を歩く、というのが基本のイメージです。

いっぽう、男性が描いている〝恋〟とは、好きなタイプの女性とセックスしているイメージなのです。

ここに、決定的な差があります。

男性は、恋はするけれど、〝恋〟についてはあまり考えない、のだと思います。恋人との理想的な過ごし方は、もう決まっているからです。

女性のマイナス発言は欲求不満から

女性は、恋に恋していますから、恋人ができてからも、本当にこの人でいいのだろうか、などとあれこれ考えます。さらに、そういう事を彼にも考えて欲しいと思っています。

でも、彼はその手の話題が苦手。話題をふってものってきません。

そこで、物足りなくなった彼女は「私たち、うまくいかないかも……」というようなショックな事を言って、彼をその話題に引き込もうとするのです。

つまり、彼女がこういうマイナス発言をするときというのは、たいてい欲求不満のときです。ただし、男性の欲求不満とは、その内容が全然違います。

女性の欲求不満は、〝彼の視線と注意が自分に向いていない〟と感じるときに、もっとも強く生まれます。

〝彼は私だけを見ている〟と確信できるとき、女性は最高に幸福なのです。

つまり、女性は「愛している」という言葉を、しつこいほど聞きたいのです。

けれど、男の人には、その気持ちが伝わりません。

「うまくいっている」と思っている彼に向って、急に「私たち、うまくいくかしら」などとマイナス発言をしても、彼には、あなたが拗ねているように聞こえるだけ。また始まった、とうんざりされるのが関の山です。

彼に不満があれば、素直に彼に言えばいいのです。

恋に恋して、完璧な恋を求め続けると、いつまでも彼に満足できません。そうしているうちに大切な恋人を逃してしまいます。

不満があるなら遠回しな言い方ではなく、しかも賢い言い方で伝える事を覚えましょう（175ページ参照）。

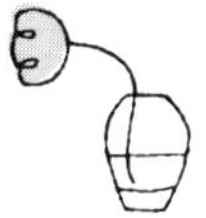

「結婚する気はあるの？」と詰め寄るのは絶対にNG！

恋をすると、「彼はどのくらい私の事を好きかしら？」という問題に、とても神経質になります。付き合い初めの頃は、彼の言葉、態度、メールに愛が満ちあふれているので、すごく幸福です。

でも、付き合いが長くなると、彼の態度がだんだん変わってきます。メールも減ったし、前みたいに高いレストランでごちそうしてくれる事もなくなった……。

こういうとき、「私にあきたのかしら」と不安でたまらなくなります。

彼に直接聞いてみたい――その気持ちはわかります。でも、ちょっと待ってください。その言葉を彼にぶつけてしまったら、彼はいったいどう思うでしょうか？

彼はいつ結婚を申し込んでくれる？

先日、三二歳のイラストレーターQ子さんと打ち合わせをしました。いつもは明るい彼女ですが、なんだか元気がありません。聞いてみると、「私、ふられちゃいました」とぽつり。

Q子さんには大手出版社の社員Sさん（三四歳）という恋人がいます。

友達の紹介で知り合い、お互い一目惚れしたそうです。

三回目のデートで、Q子さんは彼を自分の部屋に招きました。

彼との結婚を強く望んでいたQ子さんは、その後も、彼がくるたびに手づくりの料理や、手打ちパスタをつくって家庭的なところをアピールしました。

Sさんは「癒されるなあ。家庭ってこんな感じなんだろうなあ」と言って、よろこんでくれたそうです。

ところが、その言葉とは裏腹に、彼からのプロポーズはいっこうにありません。

そのうち、彼からのメール返信がとても短い言葉だけになってきました。電話をしてもたいていは留守電で、折り返し電話がかかってくるのは数時間後。

「いったい、なにを考えてるんだろう。私にあきたのかしら」と思うと、Q子さんは不安な気持ちで一杯になり、仕事でのトラブルも重なって、睡眠薬を飲まないと眠れないようになりました。

ある休日、Q子さんの部屋にやってきたSさんはびっくりしました。

いつもならテーブルにおいしそうなごちそうが並んでいるのに、その日は、なんにもありません。

「どうしたの？　なにかあったの？」

Sさんが聞くと、Q子さんからいきなり怒りの言葉があふれ出しました。

「どうしたの、じゃないわよ！　私はあなたのお母さんじゃないのよ。なんで私がいつもご飯、つくらなきゃいけないの？　たまにレストランに連れて行こうとは思わないの!?」

びっくりしたSさんは、

「わかった、わかった、行こう。いつもおいしいメシをつくっていてくれるから……。甘えて悪かった」

と謝りましたが、彼女の怒りは鎮まりません。

「いったい私の事をどう思ってるの？　愛してないの？　私と結婚する気はあるの？」

Q子さんは我慢できず、胸にたまっていたものを全部吐き出してしまったのです。

彼は、Q子さんに言わせるだけ言わせると、「頭を冷やしてくる」と言って出て行きました。

Q子さんに「僕たちには冷却期間が必要のようです。しばらく連絡は控えます」というメールがきたのは、翌日でした。

Q子さんは、「こんなに愛しているのに、彼は愛に応えてくれない」と言います。

……でも、本当にそうでしょうか？　シビアな言い方をすれば、Q子さんは彼を愛していたというより、結婚対象としての彼を愛していたのではないでしょうか？

身近な存在ほど後回しになる

Q子さんは、あのとき、突然、彼が憎らしくなったと言います。それは、どんなにサービスしても、いつまでもプロポーズしてくれない事に対する怒りの感情です。

好きな人の考えを知りたいとき、喧嘩をふっかけて相手の本音を聞き出そうとする屈折した感情が、女性にはあります。

「いつになったら結婚の話をしてくれるの？」と聞きたかったのがQ子さんの本音です。でも、「私は、お母さんじゃないのよ！」と喧嘩をふっかけてしまいました。

けれどSさんは、喧嘩にのって自分の気持ちを話す事はしませんでした。

多分、Q子さんの態度にがっかりしたからでしょう。Sさんは彼女のごちそうを食べ、部屋でくつろぐ事で、本当に癒されていたのです。

彼がQ子さんとの結婚を真剣に考えていたのは、間違いありません。

その証拠がメールです。Sさんのメールは、だんだん簡単なものになりました。これはごく当たり前の事です。Q子さんを身内のように思っているから、メールも事務的にすますし、電話も後回しにするのです。

連絡は、関係が遠い人を最優先にするのが常識です。

ここをQ子さんは勘違いして、悲しい結果を招いてしまったのです。

結婚相手にふさわしい男性と知り合うと、女性は結婚を焦る気持ちが表面に出てしまいがち。もちろん、男性はそれに気づいています。

気づきながらプロポーズしないのは、彼女が妻にふさわしいかどうかを、彼なりに観察しているからです。

こういうときは、彼が決意するまで待つべきです。焦って、「私を愛していないの？」とか「結婚する気あるの！」などと言って責め立てると、女性のイメージは台無しになります。

女性の押しつけがましさを、男性はひどく嫌悪します。悲しい結末を招きますから、注意してください。

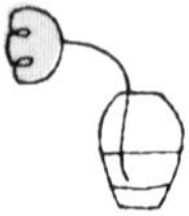

「結婚＝働かなくていい！」と口にするのはやめたほうがいい

ほとんどの女性は、好きな人と結婚して子供を産みたいと思っています。出産期間には限りがあるので、なるべく若いうちに結婚して子育てをしたいと思います。これは本能です。

ところが、なかなかうまくいきません。好きな人がプロポーズしてくれなかったり、彼が独身主義だったり……。

男性にも「子孫を残したい」という強い本能があるので、女性に負けないくらいの結婚願望があってもいいはずですが、こうまで男女に温度差があるのはなぜなのでしょう？

旦那はスポンサーのようなもの!?

Ｉさん（三六歳）は一流企業の営業マン。ハンサムなモテタイプなのでガールフレンドには事欠きませんが、今のところ、結婚する気は全然ないらしいのです。

なぜ結婚しないの？　と聞いてみたら、こんな返事が返ってきました。

「以前、プロポーズした事があるんです。そうしたら彼女、〝やったー、結婚したら仕事辞めていいいんだよね！〟って言ったんです。これって、いやな仕事をしないで食べていくために、あなたと結婚するわ、というふうに僕には聞こえたんですよ。

案の定、〝私、結婚したら何曜日はヨガに行って、何曜日は英会話スクールに通うの〟と、自分の計画ばかり立てているんです。まるでスポンサーを見つけたような感覚。結婚生活は楽しい事ばかりじゃない、という現実がまるでわかっていないみたいなんです。

それで僕は、この人を奥さんにしたら大変な事になると思って、〝申し訳ないけど、結婚する自信がなくなった〟と謝ったんです。彼女は大声で泣き出しました。仕方ないですよね。僕が悪いんですから……。

でも、その後の彼女の言葉を聞いて、やっぱり破談にしてよかった、と思いましたよ。だって、〝やっと仕事辞められると思ったのに……〟と言ったんですよ、彼女は。

結婚したら仕事をしなくても食べていける、という感覚は、援助交際の延長みたいに聞こえました」

自立している女性ならうまくいく？

Ｉさんはその後、まるきり違うタイプの女性と恋愛しました。今度の彼女は、有名会社の広報部に勤めるバリバリのワーキングウーマン。前の恋人とは違って経済的にも自立しているので、デート代はいつもワリカン。ときには「今日は私がごちそうするわ」という頼りになる女性でした。

Ｉさんは、彼女となら結婚してもうまくいきそうな気がしてきました。そこで二人は、「家事も経済も完全に二人でシェアしましょうね」という彼女のリードのもと、同棲を始めたのですが、これがとんでもない事に……。

Ｉさんの家事担当日には、彼女のほうが早く家に帰ったとしても、絶対に食事の支度はしません。彼女は、ただ待つだけ。後から帰ってきたＩさんが慌てて夕食をつくり、それを二人で食べます。食器の後片付けも、もちろんＩさんが一人でします。

彼女の担当日はこれと反対になるわけです。

一人暮らしなら外食ですませればいいところを、彼女が待っているので会社帰りに食材を買い込み、急いで調理したり並べたり……。自立した女性との共同生活も、想像していたのとは全然違っていました。結局、Ｉさんは疲れ果て、この同棲も半年で解消となりました。

先輩たちの話を聞いてみると…

Ｉさんはこの経験でますます失望し、あるとき、結婚している先輩たちの話を聞いてみたそうです。

すると、妻が専業主婦の先輩は、家事は妻に任せられるから助かるけれど、経済がぎりぎり。奥さんにはいつも「お金が足りない」と言われて息がつまりそう、と言います。その先輩の小遣いは、独身時代の四分の一だそうです。

正社員で働く妻をもつ先輩は、マンションのローンも楽に返せるし、海外旅行もできて楽しいし、小遣いは独身時代と変わらない、と言います。

ただし、家事を分担しているので、自分の担当日には同僚と飲みにも行けないし、残業も思うようにできなくてストレスがたまっている、と言うのです。

……そんな事を聞いているうち、Ｉさんは「結婚なんてしたくない！」とあきらめてしまったそうです。

どんな生活がしたいか話し合いを

Iさんは、あまりにも両極端な女性と付き合ったために、結婚に絶望してしまったようです。

理想的なパートナーとは、クルマの両輪のようなもの。一組の男女が心を合わせて進んで行かなければ、相手がどんな人であろうと、いずれ軋《きし》みます。

二人がどういう人生を歩こうとしているか、事あるごとに話し合うのがパートナーシップの基本です。話し合いが自然にできる二人なら、結婚後に待っているお金、子育て、親などの問題なども、知恵を合わせて解決していけるでしょう。

〝生涯を一緒に歩いて行ける人〟とは〝とことん話し合いができる人〟に他なりません。そういう人に出会えるよう、この本のアイデアを参考にしてくださいね。

Lesson 3

愛してるから不安……

こんなとき、どうすればいい!?

「彼を理解している」と思わなければうまくいく

「彼の事がよくわからない」というのは、恋する女性にはありがちな悩みです。

というのも、あなたの心の奥にはなにか望みがあって、それが叶えられないから、「どうして彼は、こうしてくれないのだろう?」という気持ちになるのです。

彼があなたのイメージ通りに動いているときは、彼の事がよく理解できるので、あなたの精神状態は安定します。

けれど、いったん彼があなたのイメージを越えた行動をとると、急に彼の事がわからなくなります。

これを会話にすると、「いったい、どういうこと? なんでそんな事するわけ?」の状態です。あなたの精神は急に不安定になって、一種のパニック状態になります。

こうした精神の不安定はマイナスの効果しか生みません。イライラしたり、眠れなくなったり、仕事にミスが出たり……。肉体にも影響して、食欲がなくなったり、肌が荒れたりします。

つまり、一言で言えば、あなたにとって、とても損な状態が生まれるわけです。

自分が彼を愛している分だけ、彼からも返してもらわなければ、気がすまなくなります。自分だけが損しているような気がしてくるのです。

こうして〝見返りを求める〟感情が生まれます。

こうなると、「私はこんなに尽くしているのに」とか「どうして、あなたはしてくれないの?」などと相手を責める言葉が次々とわいてきて、喧嘩が絶えなくなります。

わからなくても、信頼があればうまくいく

〝見返りを求める〟という言葉に「打算的な」とか「計算高い」とか「ケチな」という金銭的な匂いがするのは、「私は損をしてるんだから、損を埋め合わせるなにかをちょうだいよ」という含みがあるからだ、という事がおわかりいただけると思います。

そうとわかったら、こんな品のない気持ちは遠ざけましょう。

その方法は、実は簡単なのです。

最初から、「彼の事はみんなわかっているわ」などと思わないこと——これしかあ

りません。

彼の事をわかっていると思うから、なにかあるとたちまち裏切られたような気になって、その結果、「私はこんなにしてるのに！」と彼からの見返りを要求しないではいられなくなるのです。

でも、考えてもみてください。あなたのイメージの範囲内でしか動かない男性など、この世にいるでしょうか？

「そんな事はない。彼のする事は全部理解できるわ」と言うなら、それは単なる誤解です。彼の事がわかっていないから、そんな事が言えるのです。

男性も女性も、どんなに想像力を働かせたとしても、お互いの理解を超えた行動はするものです。男性と女性はもともと違う生き物ですから、それは仕方のない事なのです。

「彼の事がわからなくなった！」ではなくて、「彼の事がときどきわからなくなるけれど、素敵な人だから愛してる」という絶対的な信頼をもってください。

そこには、〝私だけが損してる〟という感情がわかないので、彼に見返りを求める気持ちも生まれません。この考え方が身につけば、あなたはとても品のよい、エレガントな女性になれます。

初めて彼を自分の部屋に呼ぶときは？

お付き合いしている彼を、初めてあなたの部屋に呼ぶ場合、お掃除などの準備に力が入りますが、気合いの入れすぎは男性を引かせてしまう事もあるようです。

ピンクのぬいぐるみに囲まれて

E君（三三歳）がこんな事を教えてくれました。

「前に付き合っていた彼女の部屋に始めて行ったとき、結構、疲れてしまって、その彼女と疎遠になった経験があるんです」

デートしているときは、言ってみればよそ行きの顔です。でも、その人の部屋に入るとすべてがわかってしまいます。よそ行きの顔より、素顔が美しければこんなに素晴らしい事はありません。でも、素顔が寂しげだったりすると、ちょっとがっかりしてしまいます。

……それにしても、彼を〝疲れさせた〟女性の部屋というのは、どんな部屋だったのでしょう？

「入ったら、まず男性用の大きなスリッパがあるんですよ。それを見てギョッとしました。この先、通ってこなきゃいけないみたいで、プレッシャーを感じました」

女性の私から見たら、男性用のスリッパを買って待っていたというのは、彼女の可愛い心遣いに思えます。でも、男性にはプレッシャーにしか思えないらしいです。

「その次にびっくりしたのは、部屋の匂い。ルームフレグランスか香水かよくわからないけれど、甘ったるい匂いがプンプン！　強過ぎて、頭が痛くなるほどでした」

確かに、それはちょっとやり過ぎかも。彼女の精一杯の演出だと思えば愛らしくもありますが、どうやら男性には逆効果。

「インテリアにも違和感がありましたね。年齢は二〇代後半なのに、ものすごくたくさんのぬいぐるみがあって、まるで小学生の部屋みたい。しかも色がほとんどピンクだから、いったい、ここはどこ？　って感じで……。まったく落ち着きませんでした」

ピンクのぬいぐるみに囲まれて、緊張して座っているE君を想像すると、彼の戸惑いが伝わってきます。

清潔でスッキリが一番！

　E君はこの経験から、現在付き合っているC子（三二歳）さんの部屋に行くのを躊躇したそうです。その気持ちはなんとなくわかりますが……。

「それで、C子さんの部屋はどうだったの？」と聞くと、E君の表情がパッと明るくなりました。

「大きなスリッパはなし。部屋の香水もほとんどなし。ぬいぐるみは小さいのが一個か二個あるくらいです。インテリアは結構大人っぽくて、観葉植物があるだけ。全体に茶色で統一されていてアジアっぽい感じでした。落ち着いていて、くつろげる雰囲気でした」

C子さんは、普段着の顔も素晴らしかったようです。

彼がくるからといって特別な準備をしなかったのが、かえってE君をリラックスさせたようです。


料理の腕前と並んで、男性が女性に望む家事は、部屋の整理力。

たいていの男性は、散らかった部屋で暮らしています。

「結婚したら、彼女が趣味のいいインテリアにしてくれるんだろうなあ」という夢をもつのも無理はありません。

彼を部屋に招待するときは、そんな夢があるんだという事を忘れないで、彼が心から落ち着けるようなインテリアで迎えてあげてください。

清潔で、すっきりして、フレグランスが過剰に匂わない部屋が、男性のくつろげる空間です。

エッチした後、連絡がない…　私、遊ばれたのかしら？

彼とエッチした後、連絡がない……。これは女性には気がかりな事です。本当に私の事を好きなら連絡してくるはず。もしかして、彼は遊びだったのかしら？

――さて、女性にはなんとも推し量りにくい男性の心理を解明すべく、友人のモテ男、B氏に尋ねてみました。彼は、ケースバイケースだから、ひとまとめにしては言えないけれど、と前置きして、次のような事を話してくれました。

男性は一歩ずつ距離を縮めて行く

B氏いわく、男性というのは、

「自分の好みの女性と知り合ったとき、頭のなかにパパパッと稲妻が走って、その女性とエッチするシーンをいきなり思い浮かべちゃうんだ」

……なのだそうです。でも、もちろん、そんな妄想がすぐに現実になるわけはありません。

「まぁ、ほとんどは想像して終わりだけどね。でも、その女性が、ちょっとでも気のあるそぶりを見せてくれたら、男は〝ヨシッ、行くぞ〟って感じで一歩ずつ近づき始めるわけよ」

まずはメールアドレスやケータイの番号を聞き出して、次は食事に誘う、その次はおしゃれなバーに誘う……という具合に、慎重に一歩ずつ距離を縮めて行って、ついに目的のシーンにたどり着くのだそうです。

なるほど、さすが経験者の言う事だけあって、説得力があります。

ところが、こうして慎重に一歩ずつ忍び寄って行くのは、男性にとっても非常に疲れる事なのだとか。狙いを定めた女性に嫌われないように、少しでも好感ポイントが高くなるように、細心の注意を払ってサービスするわけですから、それは当然かもしれません。

「それで目的のシーンに達したら、すごくうれしいんだけど、〝ああ、疲れた、お疲れさん！〟って自分に言ってあげたくなっちゃうんだよ。人によっては、お疲れ休みをとりたくなっちゃうかもしれないね」

つまり、目的を達成した後にはホッと一息入れたいと思ってしまうらしいのです。

全神経を集中して一仕事終わったら、煙草でも吸って一服したい、というのと似たような感覚なのでしょうか……。

「それともうひとつ。男の美意識っていうのもあるんだよ。彼女とそういう関係になった後、またすぐに迫ったら、ガツガツしてるように思われる。それは自分の美意識が許さないって事で、ちょっと時間をおこうかなあ、なんて考えちゃうんだ。要するにカッコつけてるだけさ」

――でも、女性の側からすると、連絡がないなんて、ひどい。私、遊ばれたのかしら、と不安になってしまいますよね。

「なかにはそういう悪い男もいるかもしれないけど、たいていは、よけいな事をぐだぐだ考えて連絡できないんだ。例えば、次にデートするときもまたホテルに誘っていいのかなあ、とか、逆に、誘わなければ彼女に失礼に当たるのかなあ……とか。

男はいつでもそうしたいけど、女性はどう考えているかよくわからない。だから、いろいろ考えているうちに、時間がたつ、というのが真相だよ」

愛しているから近づきたい…

彼の説明を聞いていると、男性も結構、気を遣っているらしい事がわかります。それなのに、なぜ、関係の後でぎくしゃくする男女が多いのでしょうか。

「それは、エッチする事を被害者意識で受け止めている女性が多いからじゃないかな。だから、〝もて遊ばれた〟とか〝体だけが目的なの〟っていうセリフになってしまう。でも、本当は、こういうセリフは絶対に言っちゃダメ。自分で自分の地位を落としているようなものだからね。こういう言い方をされると、男には、その女性がとたんに安く見えてしまうものなんだ。

そうじゃなくて、女性のほうも、あなたを愛しているからもっと近づきたい、という素直な感情でいて欲しいな。そういう女性は大人だなあと思うし、ものすごくかっこいいよ」

これは、B氏からのメッセージです。

お付き合いも長くなって デートもマンネリ、ちょっと退屈…

男性、女性を問わず、お付き合いの初めの頃は、お互いが自分を少しでもよく見せようと努力します。会っているだけで幸福な時期です。

ところが時間がたってお付き合いが安定してくると、マンネリ感が漂うようになります。

男性は職場でより多くのストレスにさらされているので、彼女とのお付き合いに刺激を求める事はあまりありません。穏やかでリラックスできる時間を過ごしたいと願っています。

いっぽうの女性は退屈を感じるようになり、刺激が欲しくなります。

しかも、初めの頃は、彼がたびたび「愛しているよ」と言ってくれたのに、甘い愛のささやきがだんだん少なくなるのも、女性にはすごく不満。

退屈している
刺激が欲しくなる
彼からの、愛の言葉が少なくなる

この三つの要素が揃ったとき、女性の心理に変化が起こります。

とても不思議なのですが、この心理は、彼を怒らせるような行動に向かわせるのです。

そのひとつが嫉妬です。

過去の恋愛を聞くのは嫉妬から

彼の周辺に他の女性の影が見え隠れしたり、彼が他の女性をほめたりしたら、もう大変！　待ってましたとばかりに食いつき、「その女性となにかあるの？」というよう

な言い方で、彼を追いつめて行きます。

彼にはいい迷惑です。

もし、彼の周辺にそういう女性の影がなければ、彼女はあきらめるでしょうか？

いいえ、そうはいきません。刺激を求めている彼女は、他の方法で刺激を得ようと作戦を変えます。

それが、彼の過去の恋愛について、なにげなく探りを入れる事。

「二人の間に秘密があるのはいやだから、どんな人と付き合ってたのか教えて」

と可愛い言い方をします。男性は結構人が好いので、よせばいいのに彼女の言葉を真に受けて、前の恋人について説明を始めます。

彼女はなにげない顔で聞いていますが、一言も聞き漏らさないように、話の内容を記憶していきます。それどころか、「それで、それで」ともっと詳しく聞きたがります。

このあたりから様子がおかしくなります。彼は、彼女に聞かれて話しているだけなのに、いつの間にか彼女の顔色が変わっている事に気づきます。

あ、まずい、前の彼女の事、ちょっとよく言い過ぎたかなあ、と思った頃にはもう遅い。聞いていた彼女の表情が険しくなり、

「まだ未練があるみたいね」とか「まだその人の事を愛してるんだ」といった言葉で

からんでくる確率はかなり高いのです。彼は、すっかり彼女の罠にはまってしまったのです。

執拗な愛の確認は男性にはうざったい

こういう経験、女性なら誰でもあると思います。

思うに、彼からの愛の言葉、あるいは愛の確認が欲しくて、わざとトラブルを起こしているケースが多いのです。

可愛い女心が起こしたトラブルなのですが、これがたび重なると、彼はうんざりします。「いい加減にしてくれよ、嫉妬深い女だなあ」という目で見られます。

男性は、あなたと楽しく時間を過ごしたいだけなのです。

デートのたびにしつこく愛を確認されるのは、男性にとって最高に〝うざったい〟こと。うざったい女性だと思われたら、男性は必ず遠ざかって行きます。

彼の愛を確認したかったのに、これでは完全に逆効果。

「あなたを愛しているから、過去の女性の事を知りたい」というのは、私はウソだと思います。「彼を愛しているから、過去の女性の事などまったく知りたくない」、というのが正直な心理ではないでしょうか?

彼の頭のなかを他の女性が占め、彼の口からその女性が語られるのは、あなたには苦痛なはず。それが愛です。

彼に根掘り葉掘り、過去の恋愛について訊ねた後、あなたの心には、その女性のイメージが残ります。その面影に苦しむのはあなたですから、彼に過去を聞くのは、絶対にやめたほうがいいと思います。

彼からの愛の言葉が少なくなったり、メールの文面がちょっとぞんざいになったとしても、あなたへの愛が小さくなったわけではありません。

それは、彼があなたを信頼している証です。

彼の愛はどんどん深まっているのです。あなたも彼を信じ、言葉ではなく、心と心で話をしてみてください。見つめ合うだけで気持ちが通じ合うはずです。それが〝究極の愛〟。それ以上に、深くゆるぎない愛はこの世にないのです。

もしかして、彼、浮気してるのでは？

お付き合いをしていて、彼の浮気を心配しない女性はいないでしょう。

二人で仲良く歩いているとき、あなたは一生懸命、彼に話しかけているけれど、ふと彼を見れば、その視線は、向こうから歩いてくるキレイな女性にくぎづけ、なんて経験があるはずです。

こういうときです。「私がいるのに、なんで他の女性を見るの？」と喧嘩になるのは……。

浮気を疑って彼のケータイをチェック！

こうした喧嘩を繰り返しているうちに、彼が信じられなくなります。

彼からのメール返信が遅れたり、ケータイがしょっちゅう留守電になっていたり。

それがたび重なると、不信感はいよいよ強くなります。

——彼、浮気してるのかも!?

そんな疑念が頭をもたげると、たいていの女性は即座に探偵ごっこを始めます。最初は聞き込み調査。つまり、友達に相談します。

「彼、こんな事を言うんだけど、どう思う?」

と他人の参考意見を集めるのです。友達ならたいてい、

「そんな事ないよ、考え過ぎだよ」

と言ってくれますが、当の本人は気がすみません。

決定的な証拠をつかむために、彼のケータイを調べようと思い立ちます。ところが彼は、いつもケータイを離しません。

——これはますます怪しい。ケータイを離さないのは、浮気している証拠を隠すためじゃないのか……。

それで、ちょっとした彼の隙をついてケータイを手にし、操作しようとすると、しっかりロックが! 〝これで浮気は決定的だ〟とあなたは確信します。

どうやって怒りをぶつけてやろうかと考えているうち、ケータイを見た事がばれて、彼が逆ギレ。

「なんで、そういう事をするわけ? 信じられないよ」

彼の浮気を疑ったばかりに大喧嘩になり、あなたの人間性まで疑われて、すべてが終わるかもしれません。探偵ごっこは逆効果しか生みませんから、やめたほうが利口です。

男性にとって浮気は意外に軽いもの

では、彼が浮気をしてるかも……と思ったときには、どうすればいいのでしょう？
友人N氏は四〇代で妻帯者。私の知る限り、浮気の常習者なのですが、奥様とはすごくうまくいっている不思議な男性です。

彼が言うには、男性同士の間だと、〝浮気のひとつもできないような男は、つまらない男だ〟という考えがあるのだそうです。もちろん、これはその人の環境や、働く業界などによっても違うと思いますが、一般的に言って、〝浮気も男の甲斐性〟といった考え方をする男性は多いようです。N氏によると、

「たとえ話でよく言われるように、毎日カレーばかり食べてると、たまには寿司が食べたくなる。寿司が食べたいなと思っていて、たまたま食べたらお腹が落ち着く、それで満足、終わりなのさ」

だから、恋人や妻への愛とはまったく別ものだから、浮気を真剣に気にするのは損

だ、と言うのです。それにしても恋人や妻がカレーですか……。

私の視線に非難の色を感じたのか、こう彼は続けました。

「もちろん、女性はそうはいかないよね。私とその人とどちらを愛してるの？　と同等に並べて、悩んでしまう。もう、男がどんなに説明しても無駄。自分で悲劇のヒロインになっちゃってるんだもの。……こういうとき、男と女って違う生き物だなあって、つくづく思うよ」

――じゃ、男性の浮気は嘆いても仕方がないから、笑顔で許してあげましょう、というのが結論？　と聞いてみると、N氏はとても役に立つ事を教えてくれました。

浮気防止の奥の手、というのがあるそうです。

「浮気されたと思ったら、女性は大騒ぎすること。といっても、暴力とか暴言を吐くのは絶対にダメだよ。すごい形相の女を見ると、男は心底、興ざめしちゃうからね。じゃ、どうするかというと、静かに泣く、物思いに沈む、ほとんどしゃべらない、いつも目をふせている、デートしても食事を口にしない、痩せ細る……このあたりまでくると、男は本当に参ってしまう。病気になるんじゃないかと心配になる。あの女と浮気したくらいで、こんなに大変な事になるとは思わなかった。バカな事をしたもんだ……と後悔し始める。本気で後悔したら、男の態度や言葉が変わる。ここまできたら、潮時。彼を許してあげて欲しい」

彼の浮気は静かに責める

女性がいつまでも怒っていると、男性が逆ギレするかもしれず、そこまでこじれてしまうと、修復は難しいのだとか。

得策なのは、「浮気がばれたら、彼女が病気になるほど悩むかもしれない」と、彼の頭に刷り込む事なのだそうです。実際にN氏は、昔の恋人にこの方法で怒られて、彼女と付き合っている間は、いっさい浮気をする気にはならなかったそうです。

結論です。彼が一回でも浮気したら、病気になるほど本気で悲しみましょう。悲しんで悲しんで、命をかけて悲しむしか、彼の浮気は止められそうにありません。

占ってもらったら「彼とは合わない」と言われた…

「いったい、どうすればよいのだろう?」と迷う事はあるものです。いくら考えても自分では判断がつかないとき、とにかく誰かに相談しようとする人がいます。信頼できる友達や先輩に相談するならいいでしょうけど、とりあえず、占い師に見てもらいに行く女性も多いようです。

でも、占いで本当に問題が解決できるのでしょうか?

占いで言われる事は決まっている

以前、私がフリーライターをしていた頃に、占い師のゴーストライターをやった事があります。占い師が話す事を、私が文章にまとめて一冊の本にする仕事です。

西洋占星術だったのですが、話が専門的でなかなか理解できません。それで、私もその占い師について、ゼロから占いを勉強する事になりました。弟子入りしたようなものです。そのときの知識が役に立って、今でも私は、占いをする事ができます。

普通、「占いの館」のようなところに行くと、まず、生年月日を聞かれるか、書かされます。それは、あなたの星座を知るためです。

占い師はすべての星座の特長や情報を暗記しているので、まずそれを口にします。

例えば牡羊座だとすると、「あなたは、なんでも自分が一番にならないと気がすまない性格ですね」といった具合です。

そして多分、それは当たっています。

不思議な事に、それぞれの星座に盛り込まれた情報は、見事にその人を言い当てているのです。これは、そうした情報が、四千年にわたる人間の統計をもとに編み出されているからです。

なので占い師は、誕生星座さえわかれば、その人の性格、男性との相性、向いている職業などを言い当てる事ができるのです。

恋愛で悩んでいるときに、あなたが占い師に見てもらいに行ったとします。

もっとも知りたいのは、彼との相性、そして将来です。

そこで、彼との相性をどういうふうに占うのか、種明かしをしますと――。

西洋占星術が教える、よい相性とは?

実は相性のいい星座、悪い星座の組み合わせは、最初から決まっているのです。

まず、一番相性がいいのは、同じ星座同士。

次に相性がいいのは、彼とあなたが牡羊座、獅子座、射手座のどれか。

あるいは、彼とあなたが牡牛座、乙女座、山羊座のどれか。

あるいは、彼とあなたが双子座、天秤座、水瓶座のどれか。

あるいは、彼とあなたが蟹座、蠍座、魚座のどれか。

その次に相性がいいのは、彼とあなたが、牡羊座、獅子座、射手座、双子座、天秤座、水瓶座のどれか。

あるいは、彼とあなたが、牡牛座、乙女座、山羊座、蟹座、蠍座、魚座のどれか。

以上のどれかに当てはまると、占い師は「彼とあなたは相性がいいですよ」と言って、さらに「将来、結婚できるかもしれません」などと言う事でしょう。

逆に、これらに当てはまらない場合、「彼とあなたの相性はよくないですね。衝突

する事が多いです」と言われると思います。

生まれついての霊能者のご託宣なら話は別ですが、普通の占い師さんから聞けるのは、だいたいこんなところです。

……という事は、「相性が悪い」と言われても、さほど気にする必要はない、という事です。

気になるなら、周りの人たちを見回してみてください。あなたのご両親、お姉さん夫婦、あるいは友達のカップル……。

身近にいる仲のよいカップルが、先に書いた占いの相性に、必ずしも当てはまっているわけではないでしょう?

占いは、天気予報みたいなものです。「雨が降る」という予報だったら、カサをもって出かければいいだけの話です。

それと同じで、占いで「相性が悪い」と言われたら、相手に対してさらに思いやりをもってあげればいいのです。それで解決します。

真剣に信じると男性に引かれる事も

男性にも、占いが好きな人がいます。

でも、男性の場合は、気休めのような感覚でとらえる人がほとんどです。例えば、自分の性格を言い当ててもらったり、「将来、俺、出世できるかどうか見てよ」というような、お遊び感覚で楽しむ程度です。

それなのに、あなたが真顔で「私たち、相性が悪いって言われたの、どうしよう?」なんて真剣に心配すると、「この人、大丈夫かなあ?」と引かれてしまうのが関の山。

占いはあくまでも、占いです。あまり真剣に気に病む必要はありません。

髪形を変えたら彼がとても不機嫌に！

二〇代後半の友人が遊びにきました。久しぶりに会う彼女は、自慢のロングヘアをバッサリ切って、ショートカットにしていました。ちょっと大人っぽい感じがして、なかなか似合ってます。

「イメージチェンジしたのね。なかなか素敵よ」と私が言うと、

「ロングあきちゃったから、髪、切ったら、彼が機嫌悪いんですよね。なんで切っちゃったの、って」

「男の人は、ロングヘアが好きだものね。彼に相談してから切ればよかったのに」

と、私がなにげなく言ったとたん、彼女は猛反発。

「でも、それって、本当は私の事を好きじゃないって事だと思いません？　髪型とかファッションで好きになったり、好きじゃなくなったりするなんて、本当の私を愛してない証拠だと思うんですよ。喧嘩しちゃいました、悪かったわねって」

彼女はぷりぷりしています。その気持ちがわからないわけじゃありません。

でも、本当は怒る事ではないのです。

むしろ、〝ヘアスタイルを変えたら彼の機嫌が悪くなった〟なんて、女冥利に尽きるうらやましいような話なんですけどね。

だって、考えてもみてください。「外見なんてどうでもいい。僕は君の心が好きなんだ」、なんて言われたほうがよほど失礼、と言うか、女性にとっては寂しい話なのです。

男性は彼女を所有物だとみなしている

この彼女の話を、まったく逆の立場から眺めたようなエピソードを、友人M氏に聞いた事があります。

彼は四〇代の離婚経験者。芸能関係のにぎやかな仕事なので気が若く、すきあらば女性を口説いているような、まめな男性です。

「二〇代の頃の話だけどね、ある日、彼女とデートしたら、長い髪をバッサリ切ってきちゃってさ。俺、みるみる機嫌が悪くなるのが自分でもわかったんだよ。彼女にはなんの罪もないのにさ。なぜだろう？　って考えてみたら、わかったんだ。彼女に会った瞬間、〝お、いい女だ〟と思わなかった事が原因だって。

男は恋人とデートするたびに、会った瞬間、〝お、いい女だ〟と思いたいんだよ。こんないい女が俺のものなんだ、と思うだけで満足しちゃう、というか、自分がいい男に思えてきちゃう。ばかみたいだけどさ。

男は、女性と街を歩いているときも、他の男と競争しているようなところがあるんだよ。どうだ、俺の女のほうがお前の女よりいい女だろ、って。本当に単純だよな。だから恋人は、絶対に〝いい女〟でなければ困るわけ。恋人は俺そのものでもあるんだから。

――ところが、髪の長い、いい女がくる、と思って待ってたのに、男の子みたいな短い髪でこられたから、〝お、今日もいい女だ、よしよし！〟っていう、あの自己満足が味わわせてもらえなくて、機嫌が悪くなっちゃったんだ」


まったく、よく言うわね、というのが私の感想ですが、男の本音なのだから仕方がありません。ただし、その感覚は男性の側だけでなく、女性の側にもあるんですけどね。女性だって、彼に会った瞬間、〝あ、いい男！〟と思いたいんですよ。男性もファッションセンスをもっともっと磨いて欲しいものです。

それはそれとして、M氏の話には続きがあり、彼らが言うところの〝いい女〟の外見というのは、「長い髪」、「白い肌」、「ぱっちりした黒い瞳」、「細い足」、「豊かな胸」、「ふわふわした柔らかい服」または「体の線を強調したぴったりの服」……らしいです。

彼の怒りは愛情の裏返し

ちなみに、私の知る限り、ヘアスタイルを大幅に変更して喧嘩にならなかったカップルはいません。もし、なんの文句も言わない男性がいたとしたら、その男性は〝もともと彼女がどんな髪型をしていたか、まったく関心がない〟というだけのこと。彼女をたいして好きではないのです。

M氏も言っているように、男の人にとって、彼女は自分の分身、自分の一部なのですから、彼女が勝手に髪を切る事など、許せないわけです。「誰が、髪切っていいなんて言った?」という感覚なのです。

ましで男というのは、ロングヘアが本能的に大好きで、ショートカットが苦手、という事になっています。

ショートカットにしたとたん、彼の機嫌が悪くなったというのは、裏を返せば、ロングヘアのときには〝どうだ、俺の女はいい女だろ!〟と自慢しながらあなたを連れ歩いていた、という事の証明ですから、むしろ女冥利に尽きる事なのです。

ヘアスタイルを変えたとき、ものすごく機嫌が悪くなるような男性こそ、普段、あなたを〝いい女だなあ〟とあがめている男性なのですから、おおいによろこんでください。

こんなに尽くしているのに彼がわかってくれない…

世の中には、すごく面倒見のよい女性がいます。いわゆる、〝尽くすタイプ〟の女性です。

このタイプの女性を恋人にしたら、さぞ楽ができて男性は幸福だろうなあ、と思ってしまいますが、実際に男性の話を聞くと、そうでもないみたいです。

以前、知り合いの男性Yさん（三〇代後半、すごくモテる人、広告代理店勤務）から、こんな話を聞いた事があります。

「どんなにきれいでも、その女性と少し付き合ってみて、この人は尽くすタイプだな、と思ったら、メールや電話をスルーして自然消滅させちゃいます」

ちょっと意外です。その理由は？　と聞いてみたところ、

「苦い経験があるんですよ。尽くすタイプの女性と付き合って」

へえ、興味津々！　どんな経験だったの？　さっそく取材しました。

思いやりの押しつけは負担

Yさんは、エステサロンに勤める同じ年のO子さんと出会い、しばらくするとO子さんの部屋に行くようになりました。

Yさんが脱いだ洋服は、O子さんがさっとハンガーにかけてくれます。手を洗えばいつの間にか彼女が横にいて、タオルを差し出してくれます。食事中はドレッシングをかけてくれたり、食後にコーヒーがすっと出てきたり……。こんなに気がつく女性は始めてだ、とYさんはうれしくなりました。

そんなある日、Yさんの部屋にO子さんから冷凍の宅急便が届きました。開けてみると、手づくりのカレー、ビーフシチュー、ピラフ、おにぎりなどが一人前ずつパックに入っています。どうやら一週間分ありそうです。そして、O子さんの手紙がありました。

「夕食に食べてください。外食は栄養が偏るから、家で食べてね」

Yさんが〇子さんに会うのは週末だけです。会わない日の食事をまとめて送ってくれたのかと思うとうれしいのですが、部屋の冷凍庫が小さいので入り切りません。

しかも、Yさんはほとんど毎晩が接待。家で食事する機会はあまりないのです。「そのあたりがO子さんには、わからないんだな」と思いながらもYさんは感謝しました。

しかし、その三日後、また冷凍の宅急便が届いたのです。今回もびっしりの冷凍料理と手紙が一通。

「もしかしたら、この前の分、全部食べちゃったかと思って、またつくりました」

山のような冷凍品を見て、Yさんはちょっとうんざりしてきました。

これでは、ありがた迷惑。Yさんは、朝から晩までO子さんにつきまとわれているような気がしてきました。

しつこいまでの電話とメール

O子さんは、毎朝、同じ時間に電話をかけてきます。目覚まし時計代わりらしいのですが、Yさんにはプレッシャーです。仕事の都合によっては寝坊できる日があるし、早く目が覚める日もあります。

でも、早く目が覚めても、彼女の電話がくるまでシャワーにも入れません。電話に出ないと浮気だと疑われるからです。正直なところ、モーニングコールは彼の悩みの種でした。

そして雨が降れば「雨が降ってきたけど、カサもってる?」というメールがきます。

電車事故のニュースを聞くと「〇〇線、今止まってるよ」とメールで言ってきます。

Yさんは、O子さんからのメールを開くとき、だんだんと嫌悪感を覚えるようになってきました。

相変わらずO子さんからは冷凍料理が送られてきますが、ほとんど捨てています。

O子さんには悪いと思うし、良心も痛むので、

「料理は送らなくてもいいよ」

と言ったところ、

「どういう事なの？　こんなに尽くしているのに、もう、私が必要じゃないのね！」

とヒステリックに泣かれて、大変な事になりました。

こんなやりとりが続いた後、Yさんはチャンスをみて別れを切り出したのですが、それから半年間ほど、彼女のストーカー行為に悩まされたそうです。

尽くすのは自分が幸せを感じるため？

なるほどねえ……話を聞いているだけで、こちらもすっかり疲れてしまいました。

女性の私には、O子さんの気持ちや行動がわからないわけではありません。愛する人に尽くしたいと思うのは健全な女心です。

でもO子さんの場合は〝尽くしている〟というより、〝尽くさないではいられない〟という、自分でもコントロール不能の状態に陥っています。これはもう依存症です。

愛する人に尽くし、その人がよろこんでくれると、幸せな気持ちになります。そして再び愛する人に尽くして、またよろこんでもらえると、また幸せな気持ちになります。

こういう事を繰り返しているうちに、本末転倒が起こる事があります。

つまり、〝人に尽くした結果、自分が幸せになった〟のではなく、〝自分が幸せになりたいから、人に尽くす〟……という順番になってしまうのです。もちろん、この事に本人は気づいていません。

こうなると、尽くされるほうはいい迷惑です。相手の一方的な幸福追求のため、あるいは自己満足の対象とされて、愛情を押しつけられるのですから。

Yさんから「冷凍料理を送らないで」と言われたとき、O子さんは、自分が幸せになる方法を遮断されてしまったと思い、ヒステリックになったのです。

もし、あなたも「尽くし過ぎかもしれない」と思ったら、〝自分自身が幸せになりたくて尽くしていないか〟をチェックしてみてください。

女性が幸せになる方法は、彼との恋愛以外にもたくさんあります。いろいろな事に興味をもてば、彼に依存して尽くし過ぎる、という問題は起こらないと思います。尽くし過ぎが疑われる方は、自分自身の時間の使い方を、ぜひ、ここで考えてみてください。

Lesson 4

気になる彼の将来性は!?

あなたを幸せにする男性の選び方

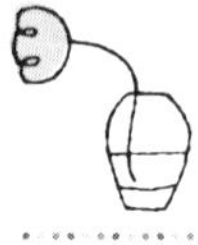

女性に借金する男と「別れたくない」と泣く男に注意！

男性は人生を「戦の場」と考え、仕事でもなんでも闘争心を燃やして競争しています。でも、本当は、気が弱くて甘ったれな「ダメ男」の部分を抱えているのです。

これは大会社の社長さんでも、オリンピックの金メダリストでも、すべての男性に言えることです。それを他人に見透かされないよう懸命に隠しているので、男性はいつも疲れている、とも言えます。気を許せる恋人や妻の前では、自分のダメな部分を思い切りさらけ出したくなるのも仕方のない事です。

ですから、もしもあなたの恋人が「私の前ではすごくだらしないの」と見えるとしても、それは許してあげてください。

ただし、本物のダメ男なら、許す必要はありません。

一度許せば何度でも許してもらえると思って、永遠に甘えてきます。最後に泣くのは、あなた、です。

いったい、男性のどこを見たら、本物のダメ男かどうかがわかるのでしょう？

――本物のダメ男には、ふたつの特徴があります。

ひとつは、恋人にしょっちゅうお金を借りること。もちろん、返済しません。

そしてもうひとつは、女性から「もう我慢の限界だから別れましょう」と言われると、「これからは絶対にお前を大事にするから別れないでくれ……」と泣いて謝ること。

このふたつです。

女性を不幸にする典型的ダメ男

私の古い知り合いで、典型的なダメ男に捕まった女性がいます。

名前をX子さんとしておきます。二人が出会ったのは、彼女が二〇代後半の頃でした。

X子さんは、二歳上のエリート商社マンZさんと恋に落ちました。

付き合って間もなく、Zさんが落ち込んでいるので、話を聞くと「前に付き合っていた彼女から、貸したお金を返すまで別れない、と言われたんだ」と告白しました。

その金額は八万円。給料前だから、今は金がない。一日も早く彼女と清算したいので困ってるんだ、とZさんは付け加えました。

X子さんは

「じゃあ、私が立て替えるから、その女性とちゃんと別れてきて」

と言って八万円を渡しました。Zさんは顔がパッと明るくなり、

「給料日に返すよ。助かった、サンキュー」

と、その足で前の彼女のところに飛んで行きました。

さて、給料日。Zさんは、

「悪いんだけど、来月まで待ってくれないかな？　今月は家賃の更新があるんだ。来月、必ず返す」

と言いました。Zさんは決してケチではありません。デート代は毎回Zさんがもってくれます。素敵なレストランにも連れて行ってくれます。それを考えると、仕方がないわ、と思い、X子さんは「いいわよ」と答えました。

母性本能を上手にくすぐる彼

しかし、その後、X子さんはすごくショックな事を知ってしまいました。

Zさんの部屋で休日を過ごしていたときのこと。彼がトイレに行った際、束ねた古

新聞の間に、きれいなカードが挟まっている事にX子さんは気づきました。なにか大事なものが紛れてしまったのでは……と思って開いてみると、それは、別れた彼女からのバースデーカード。

「この前は、素晴らしい思い出の夜を二人で過ごせて、もう思い残す事はありません」

というような事が書いてあります。

なんと彼は、お金を返しに行った日、前の彼女と一夜をともにしたらしいのです。

信じられない!

Zさんがトイレから帰ってくると、大喧嘩が始まりました。

初めは言い訳をしていたZさんも、そのうち、

「仕方がなかったんだ。そうしないと、別

れてくれないと言うから。一生かけてこの罪は償うから許してくれ。君がいないと生きていけない」

と男泣きに泣いて謝りました。

X子さんは、ついかわいそうになって

「わかった。でも、今度こんないやな思いをさせたら、絶対に別れるから」

ときっぱり言い渡しました。

その後、Zさんが X子さんを裏切る事は二度とありませんでした……などという事は決してなく、Zさんは、相変わらずいろいろなところからお金は借りるし、浮気はするしで、X子さんはさんざんな目に遭わされました。

なのに、なぜかX子さんは彼と結婚したのです。

「結婚してくれたら、絶対に幸せにする」

と泣いて頼んだZさんの言葉を、彼女はまた信じてしまったのでした。

二人は今も夫婦喧嘩をしながら一緒に暮らしています。

Zさんが借金をしているので、別れたくても別れられない、とX子さんは言います。彼の給料のほとんどが返済に回っているので、財産分与もできないからです。

あなたの周りにもいるダメ男

Zさんのようなダメ男は滅多にいない、とは思いません。

私の知る限り、結構な数がいます。

あなたのすぐ近くにもいるはずです。

「お金を貸して」とたびたび言われたり、別れたいと言ったときに泣いて謝ったりしたら、その人がどんなにかわいそうだと思っても、心を鬼にして別れたほうが賢明です。

ダメ男は、女性の母性本能をくすぐる術を生まれつき知っているのですから、あなたのやさしさに訴える事なんて朝メシ前。

X子さんのような悲惨な人生になりたくなかったら、彼がダメ男かどうか、よ〜く見きわめてください。

母親が病気がちだと息子は浮気性になる!?

長く付き合ってみなければ、その人の性格や考えている事など、なかなかわかるものではありません。でも、せっかくお付き合いをするなら、自分を幸せにしてくれる男性を選びたい、と思うのは当たり前の事です。

ここで、男の人を知るために役立つ、ちょっと視点の変わったアドバイスをしましょう。

それは、〝彼のお母さんがどんな人かを知る〟という方法です。

幼児の頃、彼が母親からどのように育てられたかを知ると、彼の大体の人間像が浮かび上がってきます。

例えば、三歳くらいから小学校に入る頃、病気がちな母親に育てられた男性は、やさしいロマンティストになる傾向があります。ただし、やさしいロマンティスト、と言えば聞こえがいいけれど、ひとつ間違えば「浮気性」という意味にもなるので要注意なのです。
どういう事か説明しましょう。

お母さんに叱られた経験があるか

本来、その年頃の男の子といえば、やんちゃ盛り。いたずらばかりして、年がら年中、お母さんに怖い顔で叱られたり、お仕置きされたりしながら育つのが普通です。

そうした経験を通じて、女の人はただキレイなばかりではなく、怒ったり、大声でどなったり、ときには体罰をしたりという、がさつな面ももっている事を彼は学びます。すると、大人になってから、女性をさほど美化して見る事がありません。

女性には女神のような美しい顔と、魔王のような恐ろしい顔のふたつがある事を、経験で知っているからです。

ところが、お母さんが病気がちだと、男の子がどんなにいたずらしても、怒って追いかけてきたり、怖い顔でどなったりしません。

記憶のなかのお母さんはとても弱々しく、やさしく、壊れやすい存在。女神のようなやさしさだけが、母の思い出として残っているわけです。

男性が、女性についてそういう〝美しすぎる〟イメージを抱きながら成長すると、どうなるでしょう。男性が成長して、付き合っている女性がちょっとでも女神的ではない面を見せると、彼はすぐに拒否反応を起こしてしまいます。「この人はなんだかイメージが違う」と思うのです。

そして、自分のイメージ通りの、やさしい女性を求めずにはいられなくなります。

存在しない女神を追い求めて

ところが、いくら求めても、がさつなところの全然ない、女神のような女性などいるものではありません。

そこで、このタイプの男性は、いつまでも自分の理想の女性を求め続ける、簡単に言えば、浮気を繰り返す事になってしまうのです。そんな彼は、確かにロマンティストと言えますが、現実にしているのは女性遍歴を繰り返す事。次々に女性を求める浮気性の男性です。

あなたの知り合いを思い浮かべてみてください。そういう男性はいませんか?

彼女がいるのに、次々と女性を追い求める男性。

浮気の原因は、案外、彼のお母さんにあるのかもしれません。

もし、たまたまお付き合いしている男性がそのタイプなら、あなたは、彼の抱いているイメージ通りの女性として振る舞ってあげるしかありません。もの静かで、繊細なガラス細工のように壊れやすく、がさつな事をいっさいしない女性です。難しいとは思いますが、彼の浮気防止にはこれしかありません。

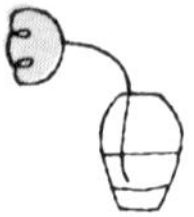

男性の価値は会社や収入でわかる？

あるアンケートによると、女性が男性に求める条件のトップは「経済力」。

つまり、お給料のいい会社に勤めているかどうか、だそうです。

三〇代の社員で年収一千万円突破。四〇代で二千万円、五〇代で……という会社があると聞くと、たいていの女性は、そういう会社に勤める男性と恋愛して、結婚したい、と思うのも無理はありません。

では、そういう会社の男性に狙いをつけ、行動したら、うまくいくのでしょうか？

アルバイトと知って彼女の態度が豹変！

知り合いのT君が大学生だった頃のエピソードです。

彼は、某テレビ局でアシスタントディレクターのアルバイトをしていました。契約先は小さな制作プロダクションでしたが、そこからテレビ局に派遣されていたのです。

彼の担当は、バラエティ風のニュース番組。毎回、女子大生がゲストで登場し、ニュースを読むコーナーがあり、その素人っぽさが受けて人気でした。

ある日、かなり美人の女子大生がゲストでやってきて、オンエア前のスタジオで一生懸命ニュースを読む練習をしています。

T君はいつもと同じように、ゲストに冷たい飲み物を運んだり、リラックスさせてあげようと「なにか手伝う事があったら、遠慮なく言ってくださいね」と声をかけたりしました。

T君の親切がよほどうれしかったのか、彼女は何度もお礼を言いました。

番組終了後にはわざわざT君のところにやってきて、「お礼がしたいから、今度、食事をごちそうさせてください」と言って、ケータイの番号とメールアドレスを置いて帰りました。

よろこんだのはT君です。たまにはいい事もあるもんだ、とウキウキし、さっそく連絡をとって、ある晩、彼女の指定するレストランに行きました。

テーブルに着くと、バッチリお化粧してきれいな服を着た彼女が、ニコニコしながら待っていました。そして、

「これからもテレビの事、いろいろ教えてください。私、マスコミ志望なんです」

と言います。T君はうれしく思いながらも、アルバイトの僕でいいのかなあ、とモジモジしていました。そんなT君の気持ちを察する事もなく、彼女は、

「すみませんが、お名刺をいただけませんか」

と笑顔で言います。

「いいですよ」

と、T君が名刺を渡した瞬間、

「あ、某テレビの社員じゃないんですか?」

彼女は険しい表情に。

「いえ、違います。僕は制作プロダクションの派遣です」

T君が言うと、みるみる彼女の顔から笑みが消え、会話が消え、すごくしらけたムードのなかで、さっさと食事が終わり、

「これから行くところがあるので、失礼します」

彼女は逃げるように帰って行った、というのです。

T君はあのときの事を思い出しながら言いました。

「彼女は僕の事を某テレビの正社員だと思ったから、誘ってくれたんだよなあ。それにしても、すごく露骨だったよ。名刺を見たら怒ったみたいな顔になって、一言もしゃべらないんだから……女性がどんなにセコいか、いい勉強させてもらった。よかったよ、彼女を好きにならなくて」

こう聞くと、T君が負け惜しみを言っているようですが、そうでもないのです。だって、大学卒業後、T君は某テレビに正社員として就職したのですから……。

あのときのキレイな彼女に、ちゃんと人を見る目があったら、高給で有名な某テレビ社員の妻になっていたか、T君の担当する番組に出演する機会があったかもしれないのです。

将来性のある男性を見抜くポイントは?

いろいろなケースを見たり聞いたりしてきましたが、男性を会社の名前や収入で選んで幸せになったという女性を、あまり見かけません。

そこで、私がおすすめする男性の条件ですが、それは〝女性をイライラさせない人〟です。

もともと女性はいろいろな事に気づく性質なので、男性のやる事にイライラしているのが普通です（やさしい女性なら顔に出しませんが）。

そんな女性を〝イライラさせない男性〟がいるとしたら、それはよほど気が回る男性。一言でいえば、〝頭がいい男性〟です。

そういう男性なら、今勤めている会社がたとえ冴えなくても、そのうち大きく羽ばたいて大成功するに違いありません。こういう男性がいたなら、積極的にアプローチしてみましょう。

頭のよい男性は周りの人を幸せにする

その男性と付き合って、うまくいくかどうかを見きわめるポイントはいろいろあると思います。

大手旅行代理店の広報部に勤めるA子さん（二八歳）は、一流企業に勤めるエリートとなら絶対にうまくいく、と断言しています。

「レベルの高い生活を保証してくれると思うと、多少の欠点には目をつぶれるんです。だから、相手がエリートだったら絶対にうまくいきます」

というのが、彼女の言い分なのです。

ところが、A子さん、望み通りの彼氏を見つけたというのに、たった半年で別れてしまいました。

A子さんが交際を申し込まれたFさん（三三歳）は、ある老舗の三男坊で取締役。タワーマンションの上層階に住み、高級外車を二台所有と、それは優雅な暮らしです。

Ａ子さんにとっては〝超セレブ妻〟になる絶好のチャンス！　幸せが目の前まできているように思えました。

ところがしばらく付き合ううちに、Ａ子さんは少し疲れてきました。Ｆさんが、あまりにもマイペースだからです。

〝セレブ妻〟になるには忍耐も必要…

例えば、デートをするにしても、Ｆさんはいつも突然電話をしてきて、

「今晩、空いてる？」

と聞くのです。Ａ子さんの都合には、まったくおかまいなし。

「今晩は、予定があるの、ごめんね」

と遠慮がちに言っているのに、Ｆさんは明らかに不機嫌な声になり、その後、何日も連絡をしてきません。

彼がデートに必ず遅れてきたり、会っている間中、自分や家柄の自慢ばかりする事にもイライラしてきました。日がたつにつれ、食事代をケチるようになったのも頭にきました。

でも、Ａ子さんはすべてに目をつぶりました。〝セレブ妻〟になるためなら、これ

くらいの我慢は仕方がない、と割り切っていたのです。

ところが体は正直です。身勝手で傲慢なFさんにイライラさせられているうち、A子さんはひどい不眠症になりました。ついには、仕事で大きなミスまでおかしてしまったのです。

このミスは、上司のT男さん（三二歳）のカバーでなんとか無事に切り抜けられましたが、直後にT男さんから呼び出しが。

A子さんは、クビになる事も覚悟しました。

ところがT男さんは、A子さんを居酒屋に誘い、自分の失敗談ばかりを面白おかしく聞かせるのです。誰でもいろいろな失敗をして一人前になるのだから、次の仕事にいかしなさい、という気持ちを、自分の失敗談に込めているように、A子さんには感じられました。

〝お金持ち〟より〝お金持ちになれそうな人〟を選ぶ

この事件の後、A子さんはクビになるどころか、かえって大きな仕事を任されたのです。A子さんは、しばらく忘れていた仕事への情熱がよみがえってきました。

同時に、いつもイライラさせるFさんが急に憎らしくなり、彼と結婚しても幸せにはなれないような気がしてきました。

大事なのは、お金持ちの男性に媚びる事ではなくて、自分の力でキャリアを積み、自分の手で成功をつかむ事ではないか、と考えるようになったのです。

A子さんは、上司のT男さんに、もっといろいろ教えて欲しいと頼みました。

T男さんの指導は厳しかったけれど、アドバイスが的確なので素直な気持ちで聞けます。イライラさせられる事もありません。T男さんは本当に頭がいいんだなあ、とA子さんは思いました。

結婚するなら、お金持ちを選ぶのではなくて、お金持ちになれそうな素晴らしい頭をもっている人を選ぶべきなんだと、このときA子さんは気づきました。


そんなある日、Fさんから誘いの電話がありましたが、A子さんは、「仕事が忙しくて急に誘われても都合がつかないし、だいたい、なぜいつも当日に言ってくるの？」、ときっぱり断りました。

予想外の反応に気分を害したFさんは、「わかったよ、しばらく冷却期間を置こう！」と逆ギレして、結局、お付き合いはそのまま解消に。

A子さんは、Fさんの幼稚な本性を見たような気がして、腹も立ちませんでした。

いつの間にか、A子さんとT男さんは、恋人になっていました。

社内恋愛はまずいので、A子さんは転職を考えないわけにはいかなくなりました。

ところが、T男さんが思いもかけない提案をしたのです。

「この会社を辞めて、旅行のネットサービスを始めようと思うんだ。うまくいったら、君も手伝ってくれ」と……。

頭のよいT男さんならきっとうまくいく、とA子さんは確信しました。

最初のうち、新事業に貯金をつぎ込んだT男さんは、かなり苦しい生活でしたが、一年を過ぎた頃には赤字が消え、やがて黒字に転換して、社員も増えました。

そしてA子さんが取締役として迎えられると同時に、二人は結婚したのです。

T男さんはいまやベンチャー企業の若きCEO。A子さんは憧れの〝セレブ妻〟になったのです。

他人の気持ちを汲み取れる人は有望株

A子さんの例でわかるように、女性をイライラさせる男性とは、なかなかうまくやっていけません。

他人をイライラさせる、という事は空気が読めていない、という事。

つまり相手の考えや望みにはおかまいなしに、いつでも自分の気持ちだけを大事にしている証拠です。だから、女性がどんなに彼に合わせても、永遠に報われることはないのです。

逆に、〝相手をイライラさせない男性〟なら、他にどんな欠点があったとしても有望株です。イライラさせない人、というのは、他人の気持ちが読める人。

他人の気持ちを読むというのは、簡単そうで難しいのです。多くの経験や、たくさんの失敗がなければ、他人の気持ちを読めるものではありません。

また、たくさんの経験や失敗があっても、それをプラスにいかす能力がなければ、やはり他人の気持ちは読めません。

多くの経験とプラス志向。人生を成功に導くこの二つの要素が、その人にあるかどうかを見きわめるポイントが、〝他人をイライラさせない人〟という事なのです。

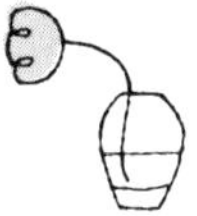

「不倫の恋」で幸せになる女性はいない

三〇代以上の独身女性には、不倫の恋をして苦しんでいる人がたくさんいます。

苦しみたくて、彼との愛を始めたわけではないのに決まっていますが、不倫の愛はたちまちひどい悲しみ、痛み、苦しみを引き寄せます。

私の知り合いで、不倫をしている中年男性が多いのも確かです。

けれど、男性の場合は、女性と違って苦しんでいる様子はありません。むしろ〝最近、彼はなんだか楽しそうね〟と思っていると、「実は、若い恋人ができてさ」などと、ぬけぬけとのろける事が多いのです。

男性が不倫で苦しむとすれば、奥さんにばれて家庭が修羅場と化したとき。妻との関係修復に苦慮しているか、離婚話がこじれて悩んでいるか、愛人とうまく別れられなくて手を焼いているか……。

私は女性なので、こうした話を聞くと、愛人である女性たちの嘆きを思ってとても胸が痛みます。いっぽう、妻でもありますから、「男の不倫って、こんなに軽いものなのか」と納得させられる複雑な心情にもなります。

不倫する男性の三つのパターン

取材してみると、不倫に走る男性の家庭背景には、次の三つのパターンがあります。

[パターン1] ほとんど「家庭内別居」状態。妻とは性格も趣味も話も合わず、一緒にいても楽しくない。当然、妻に〝女性〟を感じない。

[パターン2] 妻とはごく普通に会話し、買い物や旅行にも行くけれど、妻に〝女性〟を感じないので、数年間ベッドをともにしていない。

［パターン3］　妻とは話が合い、十分愛し合っているけれど、現在、妻は妊娠中。そこで他に女性を求める。やや若い世代にありがち。

実際に男性は、どんな心理、どんな生理で不倫に至るのでしょうか？　現在進行形で不倫している私の知り合いの男性たちに取材してみました。

家庭内別居のK氏の場合

ひとつ目のパターンに当てはまるのはK氏。五〇歳ちょっとで、自営業で裕福、妻とは恋愛結婚。成人した子供一人と夫婦の三人家族という環境です。

彼は、結婚一年目に妻のすごくいやな部分を見てしまい、いつか絶対離婚してやる！と思いながら暮らしていました。四〇歳頃、「このままじゃ、俺の人生むなし過ぎる」、と思ったら急に恋がしたくなり、六歳下の女性と不倫関係に。そのまま一二年も続いています。

妻はうすうす気づいているけれど、「離婚は絶対にしない」と宣言。いっぽう、最初は可愛いと思っていた愛人も、この五年くらいは会うたびに「早く離婚してよ、いつ結婚する気？」と迫るのでおっくうになってきました。

現在は妻と愛人の間を行ったり来たり……。

「女房が二人いるみたいでいやになるよ。すごく身勝手な言い方だけど、二人と別れて、俺一人で暮らしたい、というのが本音だね」

妻とは仲のよいJ氏

ふたつ目のパターンに当てはまるのはJ氏。四〇代後半のアーチストです。恋愛結婚。裕福。子供はいません。

若い頃のJ氏は、ご飯を食べるのもやっとという貧乏アーチスト。同棲していた恋人がアルバイトをしながら生活を支えました。やがて彼女が妊娠し、婚姻届けを提出します。

ところが、彼女が流産。このトラウマから妻は、彼とベッドをともにしなくなりました。ちょうどその頃から彼は売れ始め、生活が裕福になりました。

お金が入るようになると、彼は妻にたくさんのお金を渡し、なんでも好きなものを買っていいよ、と言いました。妻は幸せでした。いっぽうで彼は、一回り年下の女性を愛人にし、マンションの賃貸料を払っています。それでも、「妻と別れる気は絶対にない」と言い切ります。

「妻には、若い頃からすごく苦労をかけたからね。幸せになって欲しいし、別れる気もないよ」

「でも、あなたが不倫している事がわかったら、奥さんはすごく不幸になるじゃない」

と聞くと、女性にはちょっと違和感のある答えが返ってきました。

「だから、絶対にわからないように気をつけてるんだ。だって愛してるからさ」

ですって！　女性なら誰でも、私を愛しているなら、他の女性と不倫できないはずよ、と思ってしまいますが、そこのところが男女では違うみたいなのです。

「妻は流産がトラウマになって、セックスしなくなっちゃったのよ。それはすごくかわいそうだと思うけど、男の俺はどうすればいいの？　誰かとしないと、体がおかしくなっちゃう。初めのうちはいろいろな女性を口説いたり、女性のいるクラブなんかへ行ってたけど、だんだん面倒になっちゃってさ。今の彼女とは、割り切って付き合ってるんだ。絶対に結婚はしないよ、とはっきり言ってあるしね」

へええ！　やっぱり男と女は違う。そういう男の感覚、わからないでもないけれど、実行してる人がこんなに身近にいるとは。

「その愛人は、あなたに愛を感じてるんでしょ？」

「もう七年くらい付き合ってるから、夫婦みたいな情はあるね、お互い。彼女、昔は割り切っていたけど、この頃は、将来が不安、みたいな事を言うから、若い男と結婚しろよ、と言ってるんだ。持参金つけて嫁に出してやるからって」

愛人の彼女は、J氏をすごく愛しているような気がします。でも、約束だから、結婚を望めない……。黙って耐えている姿が浮かんで切なくなります。

妻の妊娠中に不倫に陥ったY氏

三つ目は、私の知る限り、もっとも多いパターンです。Y氏もその一人。

Y氏が結婚したのは三〇代前半。妻は二〇代半ばでした。

結婚後、まもなく妻は妊娠し、ひどいつわりに苦しめられました。でも、Y氏は仕事が忙しい時期。毎晩、深夜の帰宅です。妻は不安な気持ちでつわりと闘っていました。

ところがある日、見知らぬ女性から電話があり、Y氏が不倫している事を妻は知りました。

「なんで？　私たちまだ結婚したばかりじゃない。私を愛しているから結婚したんじゃないの？」

妻は、泣きながら夫を責めました。

「私がつわりで苦しくても、あなたは平気で他の女の人と遊べるの？　もう信じられない」

「悪かった。彼女とは別れるから、許してくれ」

Y氏は平謝りです。

妻は離婚も考えましたが、妊娠七ヶ月の体で、これから一人で生きていく自信がありません。結局、友人に仲裁してもらって、Y氏は不倫相手と別れました。

「奥さんはショックだったと思うわよ。若いし、妊娠中なんだし……。不倫しているヒマがあったら、奥さんのそばにいてあげようという気にはならなかった？」

若い奥さんがかわいそうで、私も責め口調になってしまいます。ところがY氏は反省どころか、こんな事を言って私を唖然とさせました。

「女房の妊娠中、男が浮気するのはそう珍しくないよ。僕はばれちゃったから、まずかったけど……。その点は、悪かったと思ってます」

その態度にも言葉にも、反省の色はゼロ。男の浮気に罪はない、と言いますが、女の私には、誠意のない態度にしか見えませんでした。

不倫している若い女性が、よくこんな事を言って嘆いています。

「彼は、私だけを愛してる、と言ったくせに、あれは嘘だったんです。私と付き合っている間に、ちゃんと妻を妊娠させてるんです。私がいるのに、妻とも仲良くしてたなんて、彼が信じられない！」

でも、ちょっと冷静になってください。〝あなたと付き合っている間に〟妻を妊娠させたのではなくて、〝妻が妊娠中だから〟あなたに近づいてきたのかも……。

不倫の愛は一時的なもの

ここまで読んでくださったら、おわかりでしょう。「一生独身でいい」という決意がある方を除いて、不倫の恋はおすすめできません。

たとえ彼が「妻とは離婚するつもりだ」と言っても、信じるわけにはいきません。そのときの彼は、本当にそう思っているかもしれないけれど、思うのと実行するのは別問題。

妻のほうから言い出した離婚なら成立しやすいものですが、夫側からの離婚を、妻がすんなり承認することは滅多にありません。

まして、不倫が原因だとわかると、妻は、ほぼ100パーセント離婚届に判を押しません。夫に裏切られたという精神的ショックを、夫を苦しめ続けることや、夫の経済をにぎる事で弁償してもらおうとするからです。

そんなもめ事が長く続く間に彼はすっかりくたびれ、やがて不倫相手ともうまくいかなくなる、というのがもっとも多い結末です。

さらに、妊娠の問題もあります。女性は愛する男性との子供を生みたいと思うものですが、不倫の場合、男性は妊娠をとても恐れます。経済的、あるいは社会的に責任をもって育てる自信がないからです。

あなたが妊娠したとき、彼から中絶を求められる精神的苦痛を想像してみてください。耐えられないほどの屈辱を味わうはずです。

運命とも思えるような男性と出会った場合、情熱が抑えがたいのはわかります。でも、不倫の愛は、どんなに情熱的で深い愛に思えても、それは一時的なもの。情熱が去った後には、むなしい駆け引きが待っているだけ、というのが現実なのです。

たまたま愛した男性が妻帯者だった場合、〝結婚〟という結末を望まないで愛し続けることができる女性にだけ、「不倫の愛」は存在するという事を、覚えておいてください。

Lesson 5

二人の時間をもっと楽しく！

愛を育む会話術

楽しい話題がふくらむ“大人の会話術”とは？

彼と喧嘩しちゃいました、というカップルや若い夫婦の話を聞いていると、「彼って言いたい事があってもはっきり言わないから、なにを考えてるのか、よくわからないんですよね」という女性が多いのに気がつきます。

私は、彼女たちからそういうセリフを聞くたびに、彼がはっきり言わないのじゃなくて、あなたが彼に話をさせてあげないんじゃないかなあ？　と思ってしまいます。

また「彼って、あまり話題がないんです。私が話しかけないと、いつまでも黙ってるんですよ。だから、つまらない」と不満をもらす女性も多いものです。

お互い好き同士なのに、会話がなかなか噛み合わないのはどうしてなのでしょう？

男性は会話の「意味」を考えながら聞く

例えばデートの最中、女性は矢継ぎ早におしゃべりします。彼に話したい事が一杯あるのです。

一回話し始めたら止まりません。それだけ話題が豊富とも言えますが、自分の身の回りで起きた事すべてを彼に報告したい、という心理が女性にはあるので、一週間会わなければ、一週間分を振り返って彼に話したいのです。

たまに、女性の話が途切れたとします。

今度は彼の番ですが、彼からの話題はなかなか出てきません。

少しの間、沈黙が流れます。

でも、またすぐに彼女の話が再開されるので、沈黙は終わり、彼もほっとします。

——これが、彼と彼女が話をしている典型的なシーンです。

一見、男性は、彼女との会話をずいぶん軽く見ているように感じます。だから、話題が見つけられないのだと。

でも、果たしてそうなのでしょうか？　私は、それは逆ではないかと思っています。彼は彼女との会話に真剣になり過ぎて、結局、言葉が出ず、あげくの果てに「話題がなくてつまらない」と言われているような気がするのです。

これはどういう事か説明しましょう。女性にとっては、〝話をする事〟イコール〝会話する事〟です。

ところが、男性にとって〝会話をする事〟というのは、〝話を理解しようとする事〟なのです。

このふたつを組み合わせると、こういう事になります。

彼女がある話題について話しているとします。

すると、彼は「なぜ、彼女はその話題をもち出したのかなあ？」と真剣に考えながら、話を聞きます。その答えを彼はなかなか見つけられません。考えているうちに、彼女の話題が他に移ります。また彼は「彼女は、なんでそんな事を俺に言うのかなあ？」と考えてしまいます。

つまり男性は、「なにか話す必要があるから、自分に話すのだろう」と思い、その意味を探してしまうのです。女性のように単なる〝おしゃべり〟という発想がないのです。

そして、また彼女の話題が変わります。彼は、またまた「なぜ……？」と考えます。

そのうち、彼女がふっと沈黙しますが、彼のほうは、彼女の話を理解しようとあれこれ考えていたものだから、急に自分の話題を展開する事ができません。

それが「彼は、話題がなくて黙っちゃう」という状態なのです。

ちゃらんぽらんに会話しているから話題がないのではなくて、真剣に会話しているから、急にふられても話題が出てこないのです。

会話の途中で彼の意見を尋ねてみる

こうしたバランスの悪い会話を改善するにはどうしたらいいでしょう?

いいアイデアがあります。

それは、ひとつの話題を話し終わったら、「どう思う?」とか「そういう経験ある?」と質問して、彼に意見を求めてください。彼は真剣に聞いていたはずですから、そのタイミングでなら、ちゃんと意見が言えるはずです。

そして彼が意見を言ったら、それに対して、必ずちゃんとリアクションしてください。

彼は一生懸命話したのにリアクションがないと、「俺、変な事しゃべったのかなあ」とか「彼女の気にさわるような事、言ったのかなあ?」とまたまた考えてしまいます。

そういう事が続くと、彼は自信がなくなって、「なにも言わないほうが気が楽だ」という事になり、「いいんじゃない」とか「へえ」といった相槌しか返さないようになります。

それは、あなたの話をまじめに聞いていない証拠。ちょっと拗ねているのです。

そうならないためには、彼の話に、あなたが「わかる、わかる」とうなずいたり、「それでどうなったの？」と先を聞きたがったり、「すごい！」と彼をほめたり……。

こんなリアクションを彼に投げてあげれば、「会話が途切れがち」なんて問題は即解決！

好きな女性が身を乗り出して自分の話を聞いてくれている……男性にとってこんなに気分のいいシーンはありません。「彼女は自分の話に、熱心に耳を傾けてくれる」と彼が実感したとき、あなたもこれまで知らなかった彼の楽しいトークが弾ける事でしょう。

それは、彼にはとても気持ちのいい事であり、あなたにとっては彼の魅力の再発見になるのです。

お互いが主役を譲り合いながら進む会話――それが、〝いい男といい女の大人の会話術〟なのです。

デート中は他の異性の話をしない

「やきもち」はやっかいな感情です。

「やきもち」がなかったら、人間関係がどんなに楽になるだろう！　と誰でも思いますが、生きている限り、やきもちは絶対になくなりません。よろこびの感情があるところ、必ず「やきもち」がつきまとう事になっているからです。

そして、好きな人に焼く「やきもち」は、なにかのメッセージを伝える信号と言えます。

著名作家にやきもち!?

ある女性編集者が、恋人とデートしていたときの事です。

彼女は、最近仕事で会ったある男性作家の話をしていました。その人は著名な作家で、作品には独特の世界観があります。なかなか仕事を引き受けてもらえないという評判なのに、彼女はうまく交渉できて、その作家に書いてもらえる事になりました。

うれしさも手伝ってか、作家をほめる口調に熱がこもります。「○○先生はと〜ってもも素敵な方だったわ」と言うと、すかさず彼が「それは、男性として？」と聞き返したというのです。

意外な言葉に、彼女はびっくり。作家の人間性の素晴らしさを伝え、交渉がうまくいった事を彼もよろこんでくれると思ったのに、やきもちを焼かれるとは……。「○○先生は、ずっと年上よ」とフォローしましたが、彼の不機嫌は直りません。「恋愛に年齢は関係ないって、言ってたよね」と、ずいぶん前に言った言葉まで引き合いに出して責められ、彼女は困り果てたのでした。

デート中は異性の話をしないのがルール

「彼って、男のくせにやきもち焼きなんですよね。びっくりしちゃいました」と彼女は言うのですが、これは彼女のほうが、配慮が足りなかったように思います。

逆の場合を考えてみましょう。あなたがおしゃれをしてデートに出かけたのに、彼が他の女性をほめるような話ばかりをしていたら……。きっと心が穏やかではないでしょう。

だいたい男性は、女性よりも嫉妬心が強いと言われているのです。デート中、あなたが他の男性をもちあげるような事を話し続けたら、彼が気分を悪くするのは目に見えています。

「なんで、他の男の話ばかりするんだよ。そんなに、そいつがいいんなら、さっさと行けよ」と怒り出す事でしょう。

それがわかれば解決策は簡単。デートのときは、女性は他の男性の話題をもち出さないこと。そして男性は、他の女性を話題に出してほめないこと。

これだけの配慮で、お互いのやきもちの出番を封じられますから、試してください。

泣いたら彼は許してくれる？

涙は女性の武器、と言われます。

私にも、涙を武器にした経験が一回あります。

学生時代、サークル活動の一環で、ある大手企業に寄付をお願いに行ったときの事です。

担当者に「検討しておくから、明日またきなさい」と言われたので、その通りにしました。けれど、「まだ結論が出ないから、明日またきなさい」という返事。そんなこんなで私は五日間ほど通ったのですが、最後に言われたのは「やっぱり無理だ。ごめんね」。

これを聞いた私は「ええ、こんなに何回も通ったのに……」と思い、自分がすごくかわいそうになりました。同時にじわーっと目の周りが熱くなって、涙があふれ出てしまったのです。すると、その担当者はとても慌てて、「わかった、わかった、なんとかするよ」と言って、結局、一万円を寄付してくれました。

このとき、私は、「なーんだ、こんな簡単にもらえるなら、最初から泣けばよかった」と思ったのをはっきり覚えています。

彼女が急に泣きやんで「訴える！」

不動産会社の営業をしているSさんは、入社以来、ずっと馬車馬のように働いてきました。けれど、気づいたら三四歳。ふとしたはずみに寂しさを感じます。「貯金も少しできた事だし、お嫁さんが欲しいなあ」と思う日々です。

実はSさんには、知り合ったばかりのW子さん（二九歳）というガールフレンドがいます。このまま付き合って、そのうちプロポーズしようかな、と密かに思っていました。

ところがW子さんには遅刻癖があって、それがSさんは気に入りません。営業マンのSさんにしてみれば、時間を守る事は仕事の基本中の基本。なのにデートのとき、W子さんはたいてい一〇分は遅れてきます。

男性でも女性でも遅刻する人間は信用しない、というのがSさんの考え方です。けれど、W子さんは遅刻したうえ、長々と言い訳までするので、Sさんは毎回イライラしていました。

ある日、またW子さんは一五分遅れてきました。着いたとたん、いつものように言い訳を始めます……。

「家を出ようと思ったら冷凍の宅急便がきて、そしたらパッキングが厳重で開けるのにすごく時間がかかっちゃって、小分けして冷凍庫にしまってたら、電車に乗り遅れちゃったの」

とうとうSさんはキレてしまいました。

「いい加減にしなよ！」

Sさんに怒られて、W子さんの目からは、みるみる涙があふれてきました。

Sさんは言い過ぎたと思い、

「ごめん、ごめん、泣くなよ、言い過ぎたよ」

と謝ろうと思ったのですが、その気持ちをぐっと抑えました。

というのも、少し前、職場でミスした女子社員を怒ったら泣かれて、びっくりしたSさんはすぐにやさしく謝まったのです。ところがそれ以来、この女子社員はなにかあるとすぐに泣くようになり、Sさんは手を焼いているのでした。

この一件を思い出したので、ここで謝ったらW子さんがますますわがままになると

思い、

「ちょっと言われて泣くなんておかしいよ。だから、女はダメだって言われるんだ。泣いたからって、俺は気にしないからね」

と、ちょっと突き放すような事を言いました。

すると、不思議な事にW子さんの涙がピタッと止まり、すごい形相でSさんをにらむと、こんな事を言ったのです。

「今、あなたの言った事、それってセクハラよ！　わかってるの？　セクハラで訴えるわ！」

S男さんはショックでした。と同時に、女は怖い、と思いました。

もちろん、その後、Sさんは二度とW子さんに連絡していません。つくづくプロポーズしなくてよかった、と思っているSさんなのです。

涙は見せないから美しい

涙が女性の武器だったのは、はるか昔のお話です。今は女性に泣かれても、男たちは「可愛いなあ」とか「かわいそうな事をした」などとは思ってくれません。「女なんて、やさしくすればつけあがる、やさしくしないと喧嘩になって面倒くさい」くらいにしか思っていません。

もう、涙の安売りはやめたほうがよさそうです。

滅多に見せないからこそ、涙は美しく、男性の心に響くのだという事をお忘れなく！

「大丈夫です」を言い過ぎると男性は接近できない

友達との合コンに出席したK君（二七歳）は、U子さんを見て一目惚れ。恋人のいないK君の心に、ポッと明かりがつきました。

U子さんもK君の隣に座って始終ニコニコしています。二人は意気投合した様子。

一一時近くにU子さんが

「家が遠いので一足お先に帰ります」

と席を立ちました。当然のようにK君も、

「じゃあ、俺、地下鉄の駅まで送って行くよ」

と帰り支度を始めました。ところがU子さんは、

「大丈夫、大丈夫。一人で行けますから。だってK君は地下鉄じゃないでしょ」

「いいって、いいから遠慮するなよ。もう遅いから危ないよ」

二人は仲間たちに冷やかされながら、店を後にしました。

ところが、地下鉄の階段まできたとき、またもやU子さんが立ち止まって、

「本当に、ここで大丈夫です」

と言うと、一人でさっさと階段を降りて行こうとします。ずいぶんよそよそしいじゃないかと思いながらも、K君は「電車に乗るの、見届けるよ」と言って一緒に階段を降り、改札口まで送り届けました。

あきらめてしまったK君

その翌日、仲間の一人からK君にメールがきました。

「U子さんといい感じだったじゃん。あれからどうなったんだよ？」

確かにいつものK君なら、U子さんにメールアドレスを聞いて次の約束もしているはず。でも、昨夜はなぜか、そういう気分になりませんでした。

なぜだろう？　と考えてみると、U子さんが何度も言った「大丈夫、大丈夫」という言葉が原因だと気づきました。

なんであんなに何度も「大丈夫、大丈夫」って言ったんだろう？　……思い返しているうちに、K君はだんだん不愉快になってきました。男が送って行くよと言ったら、素直に「ありがとう」って甘えてくれたらいいじゃないか。もしかしたら、俺に口説

かれると思って警戒したのかなあ？　俺、そんなに軽い奴だと思われたって事か。いや、やっぱり彼氏がいるんだな。彼氏がいるんなら、合コンにくるなよ！

あれこれ考えているうちにK君は面倒くさくなってきて、「もう、あの子の事を考えるの、やーめた！」という結論に達したのです。

U子さんの本当の気持ちは？

果たして、U子さんには彼氏がいたのでしょうか？

実はU子さんには恋人はいませんでした。そして、一目でK君に惹かれたのです。

では、なぜ彼女は「大丈夫、大丈夫」と距離を置くような事を言って、K君をしらけさせたのでしょう？

それは、単なる口癖に過ぎなかった、というのが正解です。

彼女の家庭はきちんとしていたので、母親から、人の申し出には一度は遠慮するものです、と教えられて育ちました。そういう意味では、U子さんは親のしつけを守るマナーのいいお嬢さんです。

ところがU子さんはひとつ失敗をしてしまいました。

「大丈夫です」という言葉は、一度なら「遠慮」に聞こえるけれど、何度も繰り返すと、相手を警戒して、「これ以上近づかないで」と言っているように聞こえてしまうのです。

実際、K君は拒否されているのだと思い、U子さんをあきらめてしまいました。

という事は、自分も好意を抱いている男性なら、むしろ甘えて、ずうずうしいくらいの返答がちょうどいい、という事になります。

U子さんの場合なら、「大丈夫です」の代わりに、「ありがとう。よかった、一人で歩くの、ちょっと怖かったから」と言えば、K君は勇気百倍！　相手からのゴーサインをもらったと思って、次の約束を口にするはず。

逆に、興味もないのに甘えるような言葉や態度を示すと、男性はすぐに「俺に気があるな」、と受け取ってしまいます。そういうすれ違いから、ストーカー行為などの事件に発展するケースもありますので、くれぐれもご注意を！

「いやな女」にならない上手な文句の言い方とは？

どんなに仲のよいカップルでも、彼に文句を言いたくなるときはあります。そういう場面で、絶対にやってはいけない事があります。

それは、他の男性を引き合いに出して文句を言う事です。

ありがちな喧嘩の原因…

例えば、彼が車を運転する際、しょっちゅう道に迷うとします。カーナビだけを頼りにしていると、よくこういう事が起こります。突然の通行止めや通行規制を、カーナビはカバーできないからです。あなたにしてみれば、出かける前に地図をチェックしておくなど、もっと周到に準備してもらいたいと思います。

でも、彼はなんの用意もなしで出かけて、結局トラブルに……。そんなとき、「だから、地図でチェックしておいたほうがいいって、私が言ったでしょ！　A子の彼氏は、絶対に地図を見てからドライブに行くって、言ってたわよ！」

とあなたが文句を言ったら、彼はどんな気持ちになるでしょう。

この文句の後に続く言葉は、「それに比べて、あなたはだめねえ！」です。それでなくても道に迷ってパニックになっているのに、助手席のあなたにこんな事を言われたら、彼の逆ギレは目に見えています。

なぜなら、あなたは彼を続けざまに三回も否定したのですから。

カーナビだけを頼りにしているあなたはダメな男だ

地図をチェックしていないあなたはダメな男だ

A子の彼氏に比べて、あなたはダメな男だ

ダメダメの連発。これでは、彼の人間性の全否定と同じです。

女性はボキャブラリーが豊富だけれど、彼と喧嘩になったときには、ますますボキャブラリーが華麗になり、男性は返す言葉が見つからなくなります。

そこで、彼は黙り込んでしまうか、逆に大声を上げて怒鳴ります。

どちらにしても、彼の精神はぼろぼろ。

あなたの気持ちもわかるのです。器用な男性は気が回るので、あなたが文句を言わなくても、あれこれちゃんとこなしてくれます。

でも、不器用な彼氏だったら……。不器用なのだから、他の人よりちょっとだけまめに準備すればいいのにと思うけれど、そういう人に限って、何事にも手を抜くのです。そこで、あなたは文句を言わないわけに、いかなくなるのです。

男性を傷つけない上手な文句の言い方は?

本当は、あなただって彼に文句を言いたくはないはず。文句を言ったとたんに、彼はあなたの事を「いやな女!」という目で見るのですから!

さて、彼の気分をよくさせ、あなたも「いやな女」にならずにすむ文句の言い方、というのはないのでしょうか?

実はあるのです。すごく上手な文句の言い方が。

それは、先ほどの言い方をまったく逆にする手法。つまり、他の男の人を引き合いに出して、その人の事を悪く言うのです。

例えば、カーナビの問題だとしたら、ドライブに出かける前に、こう言います。

あなたは、方向音痴じゃないから、カーナビだけでドライブできるからいいよね。

A子の彼氏は方向音痴だから、カーナビだけだと迷っちゃうんだって。

だから、A子と彼氏は、道の事でしょっちゅう喧嘩してる。

ドライブに行く前に、地図を見とけばいいのにね。

こういう言い方をすると、彼は、自分の事を言われている、とは気づきません。

男の人は、ほめられるとうれしくなって、それが事実と違っていても、「俺って、人からは、そういうふうに見えてるんだ」と受け入れてしまいます。

そして、これも男性特有の善良さなのですが、ほめられた後に続く言葉には、なるべく従おう、という心理が働きます。せっかくほめてくれているんだから、相手の期待を裏切らないでおこう、という心理です。男性は心がやさしいのです。

そこで、A子の彼氏のように道に迷ったらまずいから、ちょっと地図を見ておこうか、という行動を起こすのです。

男の人は責める言葉で文句を言うと意地になり、かえってそれをしようとしません。他の男性を引き合いに出して、あの人はダメねえ、それに引き換えあなたはよくやっている、という言い方に変えてみてください。

あなたが文句を言わなくても、自分のまずいところを勝手に修正してくれるようになるはずです。

お願い事があるときは素直に頼むこと

男の人は回りくどい話が嫌いです。彼女が面白そうに話す事でも、それがあまりに長いと、〝いつまで続くのかなあ、長いなあ〟と思いながら話が終わるのを待っています。たとえ顔はニコニコしていても……。

楽しい会話のときでもそうなのですから、なにか頼みたい事があるときに回りくどい言い方をされると、彼はイライラしてきます。

そしてもうひとつ、男の人はああしろ、こうしろと指図される事が嫌いです。「これ、やっておいて」とか「あれ、やってくれた?」といった口調に敏感に反応し、心のなかで反発します。「なんで、お前にそういう言われ方、されなきゃいけないの!? お前は俺の上司か!」と。

――なにかお願い事があるときは、「あのね、お願いがあるんだけど、○○して欲しいの」という素直な言い方が一番なのです。

全部言わなくたって、わかってよ!?

先日、O君（二八歳）は彼女と喧嘩しました。原因は言葉のすれ違い。

彼女はパソコンの調子が悪く、家電販売店にもって行きたいと考えました。ところが重いので、一人では運べません。そこでO君に頼もうと思ったのですが、彼女は変な言い方をしてしまったのです。以下はO君の話です。

「〝パソコンの調子が悪いから修理に出したいの。運ぶの手伝ってくれる？〟と素直に言ってくれれば、僕はオーケー、とすぐに言いますよ。それなのに彼女は、〝ねえ、私のパソコン、調子が悪いのよ〟と言っただけ。僕はちょっと考え事をしていたので、〝そう〟って相槌を打って、後はなにも言わなかったんです。そうしたら、彼女、すごく機嫌が悪くなっちゃって。〝どうしたの？〟って何回か聞いたら、〝パソコンの調子が悪いって言ってるんだから、手伝ってくれたっていいでしょ！　あなた、それでも男なの！〟みたいな事を言われて……。本当に頭にきちゃいましたよ」

なるほどねえ。彼女は〝パソコンの調子が悪い〟と言えば、彼がすぐに、じゃあ、僕が手伝うから修理にもって行こうよ、と言ってくれると思ったのでしょうね。

でも、それはちょっと傲慢だったような気がします。

多分、彼女のイメージのなかでは、自分がいつも主役でO君は脇役なのでしょう。あるいは、O君のほうが自分に惚れており、自分は付き合ってあげている、という気持ちがあるのかもしれません。

女性が傲慢だと、男性は離れて行く

「全部言わなくても、私の言いたい事をわかってよ」という態度は、相手を必ず不愉快にさせます。「あなた、何様?」と言われる、傲慢な態度です。

傲慢な人というのは、いつも自分を上位だと思っています。上位だから、全部言わなくても私の気持ちを察しなさい、と突き放すような態度をとります。

これでは、まるで女社長と平社員、女王陛下と一兵卒の関係です。

彼女がとても美人だったり、彼がサービス精神旺盛だったり、あるいは彼がやっと口説き落としたというような場合、女性は、ついつい自分のほうが立場が上だと思ってしまう事があります。その結果、傲慢な態度をとったり、命令口調になるのです。

でも、恋愛に上下関係は絶対にないはず。

もし、あなたが、「彼は私に夢中だから、どんな態度をとっても離れて行く事はないわ」と考えているなら、それは完全に間違いです。

彼はあなたを恋人にした時点で、男としての自己満足を味わったのです。その後、あなたがやさしい態度で接してくれなくなったら、彼は再び男としての自己満足を求めて、必ず他の女性に関心を移します。

心のなかの傲慢は、お願い事をするときにもっとも現れやすいのです。

可愛らしい「お願い」の言葉は？

では、お願いをするとき、どうすれば「可愛いな」と思ってもらえるでしょう？

それは簡単な事です。「お願いします」という気持ちを、あなた自身がしっかりもつ事です。そうすれば、自然に次のような言葉が出てくると思います。

「いつでもいいから……」
「お願いがあるんだけど……」
「困ってる事があるんだけど……」

こうした言葉を初めにつけるだけで、本当に彼を頼りにしている、という感じが伝わります。

しかも、こういう言葉を口にするときは相手を尊重していますから、自然に丁寧な態度になります。

例えば、胸の前で両手を合わせていたり、表情に真剣さが出ていたり……。彼は、そんな可愛らしいあなたには弱いものです。頼りにされて悪い気はしませんから、気持ちよく引き受けてくれるでしょう。

ただし、うまくいったからといって味をしめ、なんでもかんでも頼っていると彼に見抜かれてしまいますから、ほどほどに。

Lesson 6

恋愛力をブラッシュアップ

自分磨きで彼のハートをキャッチ

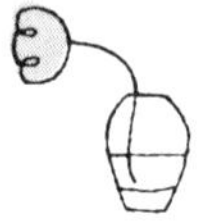

ファッションやお化粧よりも男性が重視するものって？

素敵な恋のチャンスをつかむには、まず相手に与える第一印象が大事だと、どんな恋愛相談の本にも書いてあります。そうした本には、よい第一印象のつくり方がていねいに解説してあります。

「第一印象は、見た目が勝負。ファッションセンスが悪く、お化粧が下手、姿勢がよくないとだらしない印象を与えるので、男性が注目してくれません」

「ずっとうつむいていたり、上目使いで相手を見ると、暗い印象になります。男性は明るい女性が好きなので注意しましょう」

――でも、素敵な彼との出会いを求めている女性なら、こんなテクは百も承知のはず。実際、今の恋愛適齢期の女性は、ほぼ１００パーセント、ファッションセンスもよく、お化粧も上手です。

それでも、彼ができやすかったり、なかなかできなかったりするのは、どういう理由からなのでしょう?

「脳」は楽しい事を好む

その秘密は「脳」にあります。その人を好きになるかどうかは、「脳」が決めているからです。

脳は、究極的には〝楽しい事〟を求めます。これは楽しい、と脳が感じると、同じ事を何度も繰り返そうとします。

例えば、好きなスィーツを想像してみてください。それを食べるとおいしかった。つまり楽しかった、と脳が感じます。すると、その楽しさを求めてまた食べたくなります。お気に入りのケーキ屋さんが見つかれば、「今度はあれを食べてみよう」などと想像してわくわくします。

では次に、フランス料理を想像してください。

目の前に、ものすごく美しく盛りつけられた、おいしそうなフランス料理があるとします。

彩りもきれいで、わくわくしながら、「いただきまーす」と食べ始めました。

ところが、口に入れてみると、まったく味がついていません。味のない料理を食べるのは苦痛です。でも、平らげなければなりません。やっとの思いで、全部食べ終わったとします。

さて、二回目にまったく同じフランス料理を目の前に置かれたら、食べる気になるでしょうか？

たいていの人は、「もういや」と思います。

見た目においしそうでも、実際食べてみたらおいしくなかった、つまり楽しくなかった、という事を脳が覚えてしまったら、二度と繰り返そうとは思わなくなるのです。

女性の「おいしさ」は「会話」で決まる

この考え方を人間に当てはめてみます。

美しくておいしそうなフランス料理は、素敵なファッションに身を包んだきれいな女性です。このタイプの女性と出会ったら、まず100パーセントの男性が魅力を感じて、惹きつけられます。

そこまではいいのですが、この女性と話したときに、調味料を忘れた料理のような味気なさを感じたらどうなるでしょう？

ただ眺めているだけなら素晴らしく見えた女性も、実際に会話してみると話がはずまなかったり、人をバカにするような事を言ったり、その態度がひどく悪かったら…。男性はこの女性のそばにいるのが苦痛になります。彼女は、味のない料理と同じだからです。

さて、彼は、そういう女性と再び会おうとするでしょうか？

「話が噛み合わなくて苦痛だった」という記憶は、彼の脳に「この女性といても楽しくない」という情報としてインプットされます。それと同時に、脳は「もうこの女性と会うな」という命令を出すので、彼は、彼女と会おうという気にならなくなる、というわけなのです。

逆に、見た目がそれほどおいしそうでなくても、食べてみたらすごくおいしかったという料理は、脳に「楽しかったから、また食べよう」と記憶されます。

女性に置き換えれば、見た目がそんなに目立っていなくても、話をしたらすごく楽しい女性、刺激になるような事を言ってくれる女性です。

そういう女性にはまた会いたくなるのです。そして、会ってみたら、やはり楽しかった。また会いたい……と繰り返され、いい意味での依存が起こります。

つまり、「彼女がいなければ楽しくない」、という感覚です。

こういう依存が本当の〝恋〟だと思います。

見た目よりも内面が大事

世の中では〝男も女も見た目がすべて〟というムードが主流になっているようですが、私はそうは思わないのです。

恋人が欲しければ、脳に「その人といて楽しかった」と記憶されるような、いきいきした会話ができることが求められます。

第一印象で「楽しさ」を印象づける事ができれば、あなたには素敵な恋人が、いつもより添ってくれるようになります。

そのためには、普段からさまざまな事に興味をもって吸収する事が大事です。どんな方向から話題をふられても一応の受け答えができるようになっていれば、彼はきっと、あなたの「会話」に好感をもちます。

新聞をきちんと読んだり、ニュース番組を見る、そしてなにか趣味をつくるなどが、あなたを話題の豊富な〝会話美人〟にしてくれるでしょう。

実はこれ、銀座の人気ホステスさんたちも実践していることです。どんなお客様がきても退屈させない会話のテクニックは、私たちにも見習うところがありそうです。

さらに、新聞などで得た情報を、あなたなりの味つけで会話できるようになると、彼には強い印象が残ります。「味つけのある会話」とは、あなたの素直な感情を加えて話すこと。

例えば、「地震は怖いわね」と言うところを、「小さな子供は、大人の何倍もの恐怖を味わったのよね、かわいそうに……」というふうに、感じたままを言葉にするのです。あなたの感性や生き方が伝わって、彼の心に強いインパクトが残ります。きっと彼は、なにかにつけて、あなたの意見を聞いてみたくなることでしょう。

輝くような笑顔でやさしさをアピール

男性が、やさしいイメージの女性を求めている事は間違いありません。

〝やさしい〟というイメージは、〝いつも笑顔でいる〟というのと同じ事です。

「笑顔なんか、簡単！」と思うかもしれませんが、案外そうでもないと私は思っています。

こういう経験はありませんか？　飲み会やパーティーなどで、大勢の人が集まったときの事を想像してください。

「写真を撮るよ！」と言われてカメラを意識したときは、全員がいい笑顔をつくります。できあがった写真を見れば、みんな素敵な表情です。

ところが、スナップ写真の端のほうに、ちょこっと自分の顔が映っているときがあります。……なんだか機嫌が悪そうな表情。口をとんがらせて顔に締まりがありません。

「いやだ、私、ひどい顔してる。こんな写真、撮らないでよ！」

でも、ショックかもしれませんが、それが普段の顔なのです。自分ではいつもいい表情をつくっているつもりでも、実際にはそうでもない事が多いのです。

そして、男性があなたに注目するときというのは、たいがい、あなたは見られている事を意識していないとき。

仕事に熱中しているあなたや、街を歩いているあなたです。

そういうときは他人の視線を意識していません。つまり、スナップ写真の端に映ったあなたと同じ顔をしていると思えば間違いないのです。

もし、あなたが今、恋人募集中なのに、いい出会いがないとしたら、あなたの普段の表情に、その原因があるかもしれません。

あなたが普段、どんな表情をしているかをチェックする方法があります。

あなたの普段の表情をチェック

次の質問に答えてください。

Q1 街を歩いているとき、人に道やお店を尋ねられる事がよくありますか？

Q2　近所の人に出会ったとき、「おはようございます」や「こんにちは」の挨拶が自然にできますか？

Q3　職場や家の近所を歩いているとき、向こうからきた知り合いに気づかないふりをした事がない、と言えますか？

この三つの質問に「はい」と答えられたなら、あなたの普段の表情は、いきいきしてとてもフレンドリー。男性から「やさしい人」だと思われています。

もし、いずれも「NO」だったとしたら、あなたはちょっと人嫌いの印象をもたれているかもしれません。

顔の筋肉は、動かせば動かすほど表情が柔らかくなり、親しみやすくなります。また、肌もきれいになります。

その反対に、顔の筋肉を動かさない癖がつくと、表情は堅くなるだけでなく、よそよそしい感じがして、話しかけにくい印象をもたれるのです。つまり、普段から顔の筋肉を動かしていないと、たまに笑顔をつくろうとしても、ぎこちない笑顔にしかならないのです。

やさしい表情をつくる表情筋エクササイズ

顔の筋肉を動かす癖づけは簡単です。次のふたつの事をするだけで、筋肉がほぐれ、やさしい表情が生まれます。

●いつも口角を上げて、ほほがたるむのを防ぐこと

若いときから口角を上げる癖をつけておくと一生のトクです。ほほがたるみ始めてからやっても、たるみが進むのを止められないからです。

口角を上げるだけで、「人に愛される表情」と「たるみ防止」が同時に手に入るのですから、今すぐに始めましょう。

●新聞でも本でもよいので、少し高めの声

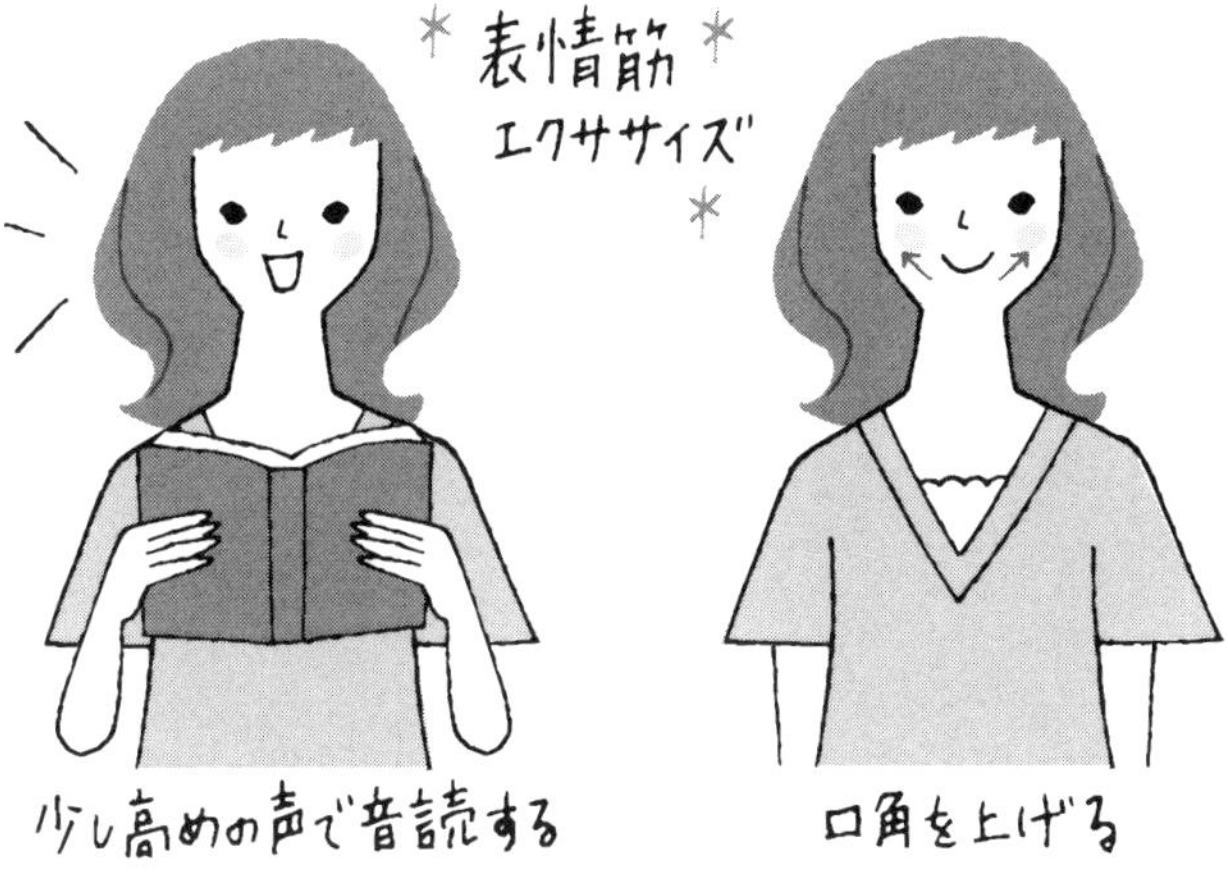

で音読すること

文字を声に出して読むと、とても疲れます。それがいいのです。顔の筋肉がそれだけ動いているという事なのですから。

大きな声で、はっきりした発音で読めば、顔の筋肉が刺激され、やがて表情がイキイキしてくるはずです。

口角を上げる、声に出して文字を読む……これだけの習慣で、知らない間にあなたの表情は、柔らかく、親しみのあるものになっていきます。これこそが、すべての男性が求めている〝やさしいイメージの女性〟です。

逆に、顔を曇らせて悩んでばかりいたら、暗い表情があなたのトレードマークになってしまいますよ。注意してください。

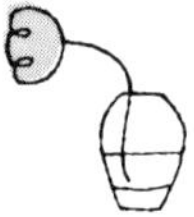

自分をほめてあげる事
自分を好きになる事

あなたは、自分が好きですか？

――そう質問されたら、なんと答えますか？

「好きなときもあるし、嫌いなときもあるし……。どちらかよくわからない」

確かにその通りです。誰でも自分が好きなときもあれば、嫌いなときもあると思います。

でも、「どちらかよくわからない」としたら、どうでしょう？　大まかに言って、自分の事が好きか嫌いかは、わかっているのではないでしょうか。

では、もうひとつ質問をします。

あなたの家（あるいは部屋）には、あなたの全身が映る大きな鏡がありますか？

そして、その鏡に、あなたの全身をしょっちゅう映して見ていますか？

もし、あなたの答えが「イエス」なら、あなたは自分の事を好きなのです。問題はありません。あなたの心のなかにある「今よりもっと好きになりたい」という気持ちを大事にして、あなた自身をブラッシュアップする行動を続けてください。

けれど、あなたの答えが「ノー」なら、一日も早く「イエス」になるように、あなた自身を変えていく必要があります。

なぜなら、あなた自身が好きでもない「あなた」を、他の人が好きになってくれる可能性はとても低いからです。

もしかすると、「誰かが私を好きになってくれたら、私は変われるのに……」と思っているかもしれませんが、そういう事は滅多に起きません。

大きな鏡をもっていない人（あってもなるべく見ないようにしている人）は、さっそく鏡を買って、一日に何度も自分の全身を映す習慣をつけてください。

最初はちょっと抵抗があるかもしれません。でも、この習慣をつける事で、あなたはきっと自分を好きになれます。

どうすれば自分を好きになれる？

では、あなたが鏡に自分を映して、自分を好きになるまでのプロセスを書いてみましょう。

STEP 1 鏡に映る自分は、全体的に太り気味で洋服が似合ってない

鏡に自分を映したくないのは、〝太っている自分を見たくないから〟というのが、その理由のほとんどだと思います。

それをわかったうえで自分の全身を鏡に映し、ダイエットを開始してください。

一〇キロも痩せましょう、というのではないのです。ダイエットは三キロが分岐点。三キロ痩せるだけでウエストにくびれができ、洋服を買うのが楽しくなります。

顔を見れば、目が大きくなり、ほほの脂肪が落ちて、鼻が高くなった感じがするはずです。こうなるとメークをするのが楽しみになります。流行のアイメークに挑戦する勇気も出てきます。

STEP 2 鏡に映る自分は全体的にすっきりしたけれど、なんだか野暮ったい

それは、姿勢が悪いからです。これまで太っている事ばかり気にしていたので、姿勢まで考えませんでした。でも、全体のプロポーションがよくなると、姿勢のアンバランスが目立つようになります。

さっそく姿勢を矯正しましょう。方法は簡単です。頭のてっぺんから一本の糸がスーッと上に伸び、いつも上から引っ張られているような意識をもつのです。立っているときも、座っているときも、歩いているときもです。

この意識をもつだけで、面倒な事を考えなくても、たちまちモデル級の立ち姿とウォーキングが手に入ります。

これで終わりです。ここまでくれば、あなたは以前とは比べものにならないくらい、自分自身に自信をもてるようになっています。

ダイエットすると「自分の魅力」に自信がつく

実をいうと、女性のコンプレックスの大部分は、ダイエットで解決できるのです。

これはなにも、「ダイエットをしたらプロポーションがよくなって、洋服のセンスが変わった」という事だけが理由ではありません。

ダイエットの達成によって、〝精神的な満足〟を感じる事が大きいのです。

食欲のコントロールは、胃袋ではなく、精神がしています。

食欲をコントロールできたというよろこびが、「やろうと思えば、できるんだ」という自信につながるのです。

自信をもってやれば、たいていの事はうまくできます。
そうすると、「私って、結構いい線、いってるかも」という、自分を尊敬するような気持ちがわいてきます。
「自信」と「自尊」――このふたつを実感できるとき、人は自分を高く評価できるようになるのです。

あなたが自分を好きにならないと、他の人があなたを好きになってくれる事はない、という事を忘れないでください。

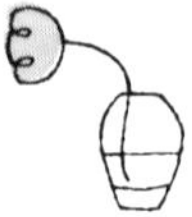

四つのポイントで最速ダイエット！

モテる女性は、ダイエット上手です。

彼女たちは、しょっちゅうおいしいものを食べたり、とことんお酒を飲んだりして、ときどき体重が増えたように見えるけれど、次に会ったときには、しっかり体重をもとに戻して痩せている！　〝どうして、そんな器用なことができるの？　私なんか、なにをしても痩せないのに、くやしい!!〟と嘆いている方に、こっそり最速のダイエット法を伝授しましょう。

ダイエットには秘訣がある

ダイエットは、やみくもにがんばってもダメなのです。

ポイントを押えて、守ることだけ守れば簡単に痩せてしまうものなのです。

そのポイントとは……次の、たった四つだけです。

POINT 1 **晩ご飯のときだけ、ご飯の代わりに豆腐を食べる**

晩ご飯でカロリーを控えめにするのが、ダイエット基本中の「キ」。炭水化物のご飯をやめ、豆腐をご飯代わりに食べるだけで、はっきり体重が減るばかりか、豆腐のタンパク質のおかげで肌もしっとりしてきます。豆腐は三分の一丁でOK。

POINT 2 **痩せたかったら、一ヶ月間だけ一食一〇〇〇キロカロリー前後の食事と、一食五〇〇キロカロリーのお菓子を避ける**

これだけで確実に痩せます。次のリストを参考にしてください。

これらは脂肪が多いメニューばかり。ダイエットしようと思ったら、脂肪を口に入れないようにしようと心がけるだけで、必ず効果が出ます。

ダイエット中に避けたい1000kcal前後の食事

トンカツ定食
カツ丼
カレーライス
天丼
天ぷら定食
餃子ライス
豚骨ラーメン
焼き肉定食
ステーキ定食
コロッケ定食
(他にフライもの、カツものすべて)

ダイエット中に避けたい1食500kcalのお菓子

かりんとう
ドーナツ類
デニッシュ
アップルパイ
生クリームたっぷりのケーキなど

POINT3　朝食を必ず食べること。眠る三時間前までに食事を終えること

朝食を抜くと、昼までに間食したくなったり、昼食でどか食いしたりします。どか食いは太る原因ナンバーワンです。

また、夜眠る三時間前に食べ終わらないと、晩ご飯で食べたものが体脂肪になると思ってください。特に夜一〇時になると、体内から特殊なタンパク質が分泌されて、食べたものをせっせと貯め込む働きをするので要注意。

逆に、眠る三時間前に食べ終わると、睡眠前に消化が終わるので、体脂肪になりにくいのです。

POINT4　エスカレーターがあっても、階段を使う

どんなに食事制限をしても、体をまめに動かさないと体脂肪を追い出すことはできません。一日おき三〇分のウオーキングが理想的ですが、無理ならできるだけ体を動かす習慣をつけましょう。

とりあえず、エスカレーターを使わないで階段を上ってください。立ってテレビを見る、電車内で座らないなど、立つ癖をつけるだけで、座っているより三倍近いエネルギーが消えてくれます。

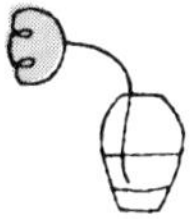

手間いらずでできる美肌づくり三つのポイント

どんなに上手にメークしても、どんなにおしゃれな服を着ても、肌が荒れていては、〝美のオーラ〟が出ません。

モテる人に美のオーラがあるのは、彼女たちが美肌づくりの達人でもあるからなのです。美肌づくりの達人になるためには、いろいろな方法がありますが、ここでは時間をかけないで美肌になれる、三つのポイントをご紹介します。

POINT1 睡眠時間をキープする

美肌のために睡眠がどんなに大切か、女性なら誰でも実感していることでしょう。でも、睡眠はなかなか思うようにコントロールできないものです。

そこで、気持ちよく入眠するための方法をふたつ紹介しましょう。

ひとつ目は、その日あった事を思い出さないようにする事。いろいろ思い出しているうちに、頭が冴えてしまうからです。

もうひとつは、意識を胃に集めることです。食後眠くなるのは、意識が胃に集まっているから。その作用を入眠に利用すると、自然にまぶたが重くなってきます。

POINT2 **顔のむくみを取るために、かかとの上げ下げを！**

顔に余分な水分がたまっていると、むくんだ表情になるばかりか、血行の悪さから、くすみの原因になります。そんな憎きむくみを取るキーポイントが、実はかかとにあるのです。

立ったまま両方のかかとを力一杯もちあげ、五秒ほど静止し、ストンと落とします。これを毎朝、歯磨きしながら一〇回続けると、やがて顔がほっそりしてきます。

血行がよくなるにつれて、顔にたまっていた余分な水分が移動するからです。ぜひ、実行してみてください。

POINT 3 プレーンヨーグルトの洗顔で、くすみしらずの美肌に！

ブルガリアのほとんどの女性は、毛穴のクレンジングのためにヨーグルトでパックをして、あのきれいな肌を保っているそうです。でも、パックは面倒くさい、と思う人は、ヨーグルトで洗顔するだけでＯＫ。いつもとは違う、透き通るような肌色になります。

やり方は簡単です。朝、プリンカップなどに大さじ一杯のプレーンヨーグルトを入れ、洗面所にもっていきます。

いつも通り、洗顔フォームで顔を洗い、すすいだ後、プレーンヨーグルトを顔全体につけて軽くマッサージし、洗い流すだけ。

この間、たったの一分か二分です。でも、タオルドライをした後に鏡を見ると、顔からくすみが消えているのでびっくり！　続ければ続けるほど、透明感のある美肌になります。

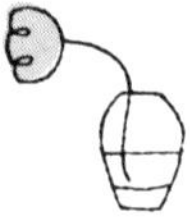

自分の意思をきちんと言えるようになる

あなたは彼と話をするとき、なんでもない事をわざと「秘密」にしたり、思わせぶりな話し方をしていませんか？

あるいは、彼から質問されたとき、イエスかノーかをはっきり言わず、「私はどちらでも……」「それでもいいわ」など、いつもあいまいな答え方をしていませんか？

もしかしたら、彼に遠慮してそういう答えになるのかもしれませんが、わざとあいまいな態度をとる事で、ちょっと謎めいた女性を演出しているのかもしれません。

でも、あなたのそうした振る舞いは、彼を疲れさせている事が多いのです。

彼は、あなたのそばにいるとき、あなたに癒してもらう事をなによりも求めています。

――なぜ女性は、いつも男性を癒さなければいけないの？　と聞かれるとちょっと困るのですが、自分たちをゆったり包んで、穏やかな気持ちにさせてくれるのが女性の最大の役目であり、魅力だと、男性は思い込んでいるようなところがあるのです。

男性は誰でも日常的に闘っています。社会とも、他人とも、そして自分自身とも…。これは本能なので、女性がいくら「疲れるから闘うのをやめたら」と言っても無駄なのです。

ですから、せめて好きな女性のそばにいる間は休戦してゆっくり羽を休めたい、と彼らが思っているとしても、それは無理ないかもしれません。

意思を言わない女性は、彼を疲れさせる

さて、男性がくつろぎたいと思っているのに、女性のほうがいつもあいまいな言い回しで態度をはっきりさせず、なにを考えているのかよくわからない、という場合、男性はどう感じるでしょう。

好きな女性の前では休戦したいと願っているのに、彼女の気持ちがわからなければ、彼は休戦できません。推理したり、想像したりして、彼女の内面を探らなければならないからです。相手の心理を探るのはひとつの闘いです。しかもこれは、闘いのなかでも、もっとも疲れる神経戦です。

せっかくの楽しい時間を、彼女との神経戦に費やす事は、彼には耐えられません。

やがてへとへとに疲れて、彼女のもとを去って行くのは目に見えています。

秘密主義者は、実は自分の意見がない!?

それにしても、なぜ、彼女はいつもあいまいで、秘密主義なのでしょう？　隠し事の多い人が、必ずしも秘密主義になるのではありません。

「秘密」というと、なにか心のなかに暗いものを隠しもっているように聞こえますが、実はその正反対で、心のなかに、なにも隠しもっていない人が、あいまいで秘密主義に見えてしまうのではないでしょうか？

自分の生き方や主義のはっきりしている人は、彼の問いかけに対して、即座にはっきりした返答ができます。いつもなにかを考えているからです。

ところが、生き方や自分の主義についてはっきりした考え方のない人は、質問されても、どう答えていいかわかりません。

「変な答え方をしたら、彼に嫌われるんじゃないかしら？」

「私が思っている事を言ったら、彼にバカにされるんじゃないかしら？」

とあれこれ思案しているうちに時間がたち、ますます答につまってしまうのです。

そして、口をついて出るのは、「私はどちらでも……」とか「う〜ん、どうかしら」

といったあいまいな返事ばかり。

言葉を変えれば、秘密主義に見える人とは、自信のない人、とも言えます。

いっぽうで彼のほうは、彼女が心のなかで葛藤している事など知りません。「なぜ、いつも彼女はなにも言わないんだろう。なぜ、秘密にするんだろう」と心のなかを探っているうちに、疲れてしまうのです。

これは、一種の悲劇です。

両方が愛し合っているのに、コミュニケーションがうまく噛み合わずに誤解が生じ、お互いが疲れてしまうのです。

自分の人生設計を考えてみよう

あいまいで秘密主義だと誤解されがちな、あなたがするべき事はただひとつ。

自分の好みや生き方について考え、どういう人生を送りたいかをイメージする事です。自分自身の人生設計を描ければ、心のなかの希望や考え方が自然とはっきりしてきます。

すると、彼にどんな事を聞かれても、自分なりの考えを言えるようになれます。これで、たちまち〝あいまいで、わかりにくい彼女〟から脱出できるはず。

お付き合いを深めていくには、お互いの希望や気持ちを理解し合い、歩み寄って、譲れるところは譲り合っていかなければなりません。あなたの気持ちが彼に伝わらなくては、それ以上の関係には発展しないのです。

お互いが意見を交わして理解が深まれば、よりいっそう、二人の時間が楽しくなるはずです。一日も早く自分なりの理想の人生を描いて、あなたの意見をもち、彼との前向きな話に花を咲かせてください。

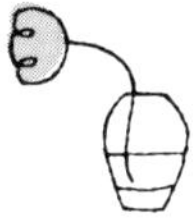

一人の時間を充実させて女の魅力をアップ

あなたは一人の時間をどんなふうに使っていますか？　メールを打ったりして時間をつぶすという人もいるでしょう。メールのやりとりをすれば、一人でいても寂しくないかもしれません。

でもちょっと考えてみてください。一日のうちのたいていの時間は、周りに人がいて話をしている状態です。

自分一人のときには、一人でしかできない事に時間を使ったほうが、あなたに自信がつき、その結果、あなたの魅力が増して、男性に注目される事が多くなるのは間違いありません。これには、ちゃんとした根拠があるのです。

話題の豊富な女性は魅力的

女性が大好きなおしゃべりも、メールを書くのも、どちらもアウトプットです。つまり、あなたが考えている事や、感じている事を、言葉を使って外に出しているのです。このアウトプットの量が多くなればなるほど、発信する内容が底をついてきますから、同じような事を繰り返す事になります。つまり、話の内容が薄くなっているのです。

女性はおしゃべりが大好きなので、同じ話を繰り返す事に抵抗がありません。でも、男性はしつこい話が嫌いです。話題はどんどん先に進んで欲しいのです。

そこで必要なのが、女性の側のインプット。話題をどんどん取り込む事です。インプットは、あなたが一人でいるときが、もっとも効率が上がります。インプットは集中していないとできないからです。

一人の時間はインプットに費やし、新鮮な話題をどんどん取り込んでおくと、今度、彼に会ったときに話が弾みます。

話題をインプットする方法

楽しそうなインプットのサンプルを書いてみます。

PLAN1 読書をする

ベストセラーや話題の本を読み、感動したら彼にさりげなくプレゼントしてください。彼が読み終わった後、二人の会話がこれまでとは違ったものになります。

PLAN 2 **レンタルのDVDを見る**

映画好きの彼なら、あなたが見た映画の感想をよろこんで聞いてくれるでしょう。誰でも自分の趣味の話は楽しいものです。

PLAN 3 **語学の勉強をする**

来日する外国人が増えています。街やお店などで、日本語がわからなくて困っている外国人のお手伝いができるとカッコいい! もちろん彼にも見直されます。

PLAN 4 **テレビで放映しているコンサートや芝居を観る**

最近のテレビはチャンネルが圧倒的に増えました。それにともなって、実にさまざまな演劇やコンサートが放送されています。クオリティが高く、なかなかチケットが手に入らないものも多くありますから、ときどきチェックしてみましょう。気に入ったものがあれば、実際にコンサートに足を運ぶなどすると、新しい趣味が広がります。

インプットを増やすその他の方法

ともかく、ちょっとでも興味をもったら飛びついてみる、というのが上手なインプットのコツです。

創造力を必要とする、ちょっと手間のかかる作業もよいかもしれません。

IDEA1
オリジナルの手づくりレシピ集をつくってみる

カードや小さなスケッチブックに、あなたの得意な料理をイラスト入りで書くのです。一冊できあがったら、友達や彼への素敵なプレゼントになりますし、あなた自身がもっていると、結婚後、活用できます。

IDEA2
オリジナルの「ミシュランガイド」をイラスト入りでつくる

これまで行ったレストランを思い出して、イラスト入りのガイドブックをつくります。細部を思い出せない場合は、インターネットや雑誌で情報を補足するといいでしょう。

どこに行って食事しようか迷ったときに、きっと役に立ちます。お友達にもオリジナルの「ミシュランガイド」をつくってもらい、交換すると行動の幅が広がります。

からだを動かす事もおすすめ!

頭を鍛えるインプットだけでなく、エクササイズも一人の時間にふさわしい過ごし方です。

いつもウォーキングしている人なら、思い切ってランニングに挑戦すると、心もからだもいっぺんにリフレッシュできます。

ヨガの習慣がある人なら、新しいポーズに挑戦してみてください。

いつもより少しだけ強度を高めたり、時間を長くしてみると、気分がすっきりします。

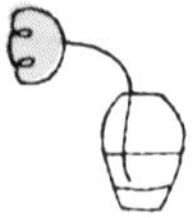

〝理想の女性〟をまねして新しい自分に脱皮する

恋に自信がなくなったとき、もっともいけないのは臆病になる事です。

「どうせ、私の事なんか誰も愛してくれない。傷つくのはいやだから、二度と恋はしないわ！」

と勝手に決めつけて、自分の殻に閉じこもってしまう事です。

いったん殻に閉じこもったら、そこから出てくるのは大変なエネルギーが必要になります。閉じこもっている間に被害者意識が大きくなり、あなたに好意をもってくれる人が現れても、疑心暗鬼になってしまうからです。最悪の場合、トラウマが残り、恋が始められなくなる場合もあります。

恋に自信がなくなったとき、立ち直るのに一番効果があるのは、これまでの自分の嫌いな部分を忘れ去って、新しい自分をつくり出す事です。

新しい自分をつくり出す方法には、ふたつのポイントがあります。

ひとつは、モデルロールを探して、その人がしている努力をまねすること。モデルロールとは憧れの人物像、つまり〝理想の女性像〟です。

新しい自分をつくり出す方法

POINT 1 あなたが理想とする女性は？

あなたの理想が、例えば、藤原紀香さんだとします。

具体的に「藤原紀香」という理想の女性が浮かび上がったら、表から見えないところで、彼女がどんな努力をしているかの情報を集め、書き出します。著書やホームページ、インタビュー記事を読めば、必要な情報が手に入ります。

玄米食、有機野菜を食べ、もろみ酢のファンだということ。ダイエットのために加圧トレーニングに通い、さまざまなエクササイズや運動習慣をもっている事など、彼女が日頃いかに努力しているかがわかります。

別の言い方をすれば、こういう努力を積み重ねているから、あれほどの美しさを保っていられるのです。

ここがポイントです。

理想の女性がしている努力をまねしてください。やがて、その人と共通の美点を手に入れられるでしょう。

POINT 2 なぜその女性に憧れるのかを考える

ふたつ目のポイントは、あなたにとって、なぜ、藤原紀香さんが理想なのかを考えることです。それを考える事で、あなたが無意識のうちに「自分には足りない」と思っている事が見えてきます。

例えば、彼女がちょっと面白い女性だから憧れるのでしょか？

確かに、藤原紀香さんは大スターなのにとりすましたところがなく、ざっくばらんに関西弁をしゃべって周囲を笑わせます。

もし、彼女のこのキャラクターが好きだとしたら、あなたは自分のなかの堅苦しさ、融通のきかない頑固なところに、自分で手を焼いているのかもしれません。

それがわかったら、これからは肩の力を抜いて、「なるようになるわ」という気楽さを意識的に取り入れてください。

あるいは、あなたは藤原紀香さんのまじめな生き方、世界の環境問題に取り組んだり、恵まれない国の子供たちを写真に撮り続けているところを、尊敬しているのかもしれません。

もしそうならば、あなたは今の生き方に、ちょっと物足りなさを感じているのではないでしょうか？　なにかもっと勉強がしたいのかもしれません。そして、少し深い話ができる恋人を求めているのかも……。

そこまでわかれば、解決に向かって歩き始めてください。

例えば、あなたの興味のある分野の本を徹底的に読む。カメラでもスケッチでもいいので、あなたの気になるシーンをなにかの形でとどめる習慣をつける、などなど。

「ちょっとやってみようかなあ」と想像するだけで、心が晴れてきませんか？

なんだか楽しくなってきた！　と感じたら、あなたはそういう事をしたかったのです。難しく考えないで、とにかく始めてください。

いつの間にか「自信あふれる自分」に脱皮！

新しい自分をつくり出すふたつのポイント、おわかりいただけましたか？

理想の女性がしている努力をまねしてやってみる
理想の女性のもっともカッコいいと思える部分をまねしてやってみる

つまり、「理想の女性像に近づく」という事は「理想の女性のまねをする」という事なのです。それも、表面的なまねをするのではなくて、〃隠れたところにあるもの〃のまねです。

ふたつのまねがあなたの習慣になったとき、あなたは新しい自分に脱皮しているのを実感するでしょう。

そして、その頃には、「どうせ私なんかダメ！　もう恋はしない」と言ってた事などすっかり忘れ、新しく手に入れた魅力に輝いている事でしょう。

美波 紀子（みなみ のりこ）
作家。神戸市出身。上智大学文学部卒業後、出版社勤務を経て執筆活動に入る。雑誌や書籍のほか、講演会などでも活躍中。著書に『確実に痩せてリバウンドしない 晩ごはんダイエット』『キレイぐせがつく 体と暮らしのプチおなおし術』（ともに幻冬舎文庫）、『魔法のやせぐせダイエット』（海竜社）など。サプリメントアドバイザー、野菜ソムリエの資格をもつ。

彼の気持ちが手にとるようにわかる
恋愛心理レッスン

2008年8月1日　初版発行

著　者　美波 紀子
発行者　西澤 一守
発行所　株式会社　フォー・ユー
東京都文京区本郷3丁目2番12号　〒113-0033
☎代表 03(3814)3261
発売元　株式会社　日本実業出版社
東京都文京区本郷3丁目2番12号　〒113-0033
☎代表 03(3814)5161　振替 00170-1-25349
印刷／理想社　製本／若林製本

ISBN 978-4-89376-108-8